我们做的所有努力，都是在对抗未来的不确定性。

江海交通与城市地产

张耀凯 著

吉林大学出版社

·长春·

图书在版编目(CIP)数据

江海交通与城市地产 / 张耀凯著. —长春：吉林大学出版社，2023.10
ISBN 978-7-5768-2623-4

Ⅰ.①江… Ⅱ.①张… Ⅲ.①江海联运－城市交通运输－关系－城市－房地产业－研究－中国 Ⅳ.①F572 ②F299.233

中国国家版本馆 CIP 数据核字(2023)第 229890 号

书　　名：江海交通与城市地产
JIANGHAI JIAOTONG YU CHENGSHI DICHAN

作　　者：张耀凯
策划编辑：黄国彬
责任编辑：张维波
责任校对：于　莹
装帧设计：姜　文
出版发行：吉林大学出版社
社　　址：长春市人民大街 4059 号
邮政编码：130021
发行电话：0431－89580028/29/21
网　　址：http://www.jlup.com.cn
电子邮箱：jldxcbs@sina.com
印　　刷：天津鑫恒彩印刷有限公司
开　　本：787mm×1092mm　1/16
印　　张：15.25
字　　数：210 千字
版　　次：2024 年 3 月　第 1 版
印　　次：2024 年 3 月　第 1 次
书　　号：ISBN 978-7-5768-2623-4
定　　价：58.00 元

版权所有　翻印必究

序 言

随着城市化进程的加快,交通基础设施将满足不断增长的跨界沟通需求,会加速新一轮产业结构调整,促进经济持续繁荣和稳定发展。对城市间的发展起到互联互通作用,同时也缩小了城市间的生活圈。

本书共分为五个部分:江海交通与城市地产研究的缘起与创新、地产市场影响因素与模型建立、江海交通对城市地产影响分析、结论与展望。本书以深中通道建设对中山市商住土地和住宅价格受到的具体影响因素进行了全面分析,根据地块因素、社会因素、环境因素、经济因素等20多个变量对地价、房价的影响做了详细分析。

在江海交通与城市地产研究的缘起与创新部分,深入探讨了江海交通与城市地产之间的紧密联系,并提出了独特的研究视角和方法。通过综合运用区域经济学、地理学、公共经济学、空间计量等多学科的理论和实践,揭示了江海交通对城市地产价值和发展的重要影响。本书创新性地运用地块面积大小和地块形状是否方正，地块与河流、湖泊、垃圾站、主干道、高速路等的距离远近，地块附近的中小学、幼儿园是否是重点学校等对地价和房价的影响因子做了区分。

在地产市场影响因素与模型建立部分，系统地分析了影响地产市场的各种因素，并建立了相应的模型来预测和评估地产市场的发展趋势。这些研究成果不仅为政府决策提供了科学依据，也为企业和投资者提供了重要的参考。

在江海交通对城市地产影响分析部分，通过大量的实证研究和案例分析，探讨了江海交通对城市地产价值和发展的具体影响机制。研究发现，江海交通的发展不仅可以提升城市的连通性和便利性，还可以改善城市的生态环境和居住品质，从而推动城市地产市场的发展。同时，城市地产的发展也可以反过来促进江海交通基础设施的升级和优化，形成良性循环。

在结论与展望部分，作者总结了全书的主要研究成果，并对未来江海交通与城市地产的发展方向进行了展望。随着经济和社会的不断融合与发展，未来需要加强跨学科的研究合作，提出更加创新和可持续发展的解决方案，以应对新的挑战和机遇。

我深感作者对江海交通与城市地产关系的独到见解和深入研究。通过大量的数据和案例，展示了江海交通如何影响城市地产的价值和发展，以及城市地产如何反过来推动江海交通的升级和优化。这些研究成果不仅具有理论价值，更为实际工作提供了有益的借鉴和启示。

序 言

此外，作者还提出了许多富有创意和前瞻性的建议，对于推动我国江海交通与城市地产的可持续发展具有重要的参考价值。

在此，我衷心希望张耀凯的专著能够引起更多读者的关注和思考，为我国江海交通与城市地产的发展贡献您的智慧和力量。

岳公正

国家社会科学基金重大项目首席专家

教授、博士生导师

前　言

粤港澳大湾区江海交通建设将满足不断增长的跨界交通需求，加速珠江口两岸新一轮产业结构调整，促进珠江两岸经济持续繁荣和稳定发展。深中通道开工建设对粤港澳大湾区建设及关联地区房地产业的发展有极大的推动作用，目前来看，深中通道开工建设对中山市商住用地增值起到较大的助推作用。

随着城市化进程加快，商住用地增值在城市发展和土地利用方面起到了至关重要的作用，但城市管理者也面临着多方面的问题，例如，房价和土地资源稀缺性、基准地价界定、土地增值税征收标准，以及土地增值带来的利益分配等问题。应正确看待土地增值问题，并利用科学合理的方法对土地增值进行评判、解决土地增值收益分配问题，使城市的土地流转更加合理高效、土地市场趋于规范化、防止国有土地资产流失等。

该著作由博士论文整理而成，以土地价格、价值、区位选择、不动产估价和土地增值理论为理论基础；运用区域经济学、政治经济学、公共经济学、土地经济学和空间计量经济学等多门学科的理论；采用文献分析、直接比较、实证分析等方法来对商住用地增值过程的各影响因素进行分析和研究。

本书以中山市 2012—2022 年 275 块（其中，2012—2018 年为 202 块；2019—2022 年为 73 块）商住用地项目招拍挂成交楼面地价和 2011—2022 年 24 个镇街商品房成交年度均价来作为样本数据，选取深中通道开工建设、地块、社会、环境、经济因素对楼面地价和年度商品房均价增值的影响来做研究分析；根据各影响因素对地价和房价的影响作用来建立 Hedonic 模型，由于深中通道开工建设对商住用地增值空间的影响有限，所以再用空间计量模型作为补充模型来研究土地价格和房价的空间溢出、集聚效应和价格中心迁移过程。

首先，对本书所选的 275 块招拍挂商住用地项目的影响因子做了描述性统计分析，根据数据统计分析结果对商住用地增值的比重用响箱式图的方式做了描述和差异性分析。其次，对商住用地楼面地价进行相关性分析得出影响程度和显著情况；再控制部分影响因素来研究其他因素对楼面地价的影响，对比做了回归分析来说明正、负向关系。再次，对中山市各镇街的住宅均价（住宅价格代表土地价格增值）做了 Moran's I 指数、Moran's I 散点图、LISA 集聚图和六分点阵图研究分析，得知，深中通道开工建设前后，住宅均价中心开始迁移和集聚，再根据空间回归分析结果得出价格在迁移过程中的溢出效应。最后，研究的结论得出影响商住用地增值的主要因素是深中通道开工建设、常住人口、户籍人口；深中通道开工建设后中山市房价均价中心开始向南朗、火炬、港口、五桂山迁

前 言

移；从差异性、相关性、回归分析得知，深中通道开工建设、延长线出口、教育、常住人口、公交站数量与商住用地增值呈正向关系。

作 者

2023 年 9 月

目 录

第一章 导论：跨江通道与城市地产研究的缘起与创新 ……… （1）

    第一节 跨江通道与城市地产研究的缘起 …………………（1）

    第二节 研究对象、方法和逻辑框架 ………………………（13）

    第三节 本书创新与不足之处 ………………………………（19）

    第四节 本章小结 ……………………………………………（22）

第二章 土地增值从历史演变到学科贡献 ……………………（23）

    第一节 商住用地价格和增值的界定 ………………………（23）

    第二节 理论基础 ……………………………………………（33）

    第三节 国内外研究现状 ……………………………………（53）

    第四节 本章小节 ……………………………………………（69）

第三章 地产市场影响因素与模型建立 ………………………（71）

    第一节 研究范围与资料来源 ………………………………（71）

第二节　商住用地增值的影响因素 …………………… (73)

第三节　Hedonic 模型构建 …………………………… (86)

第四节　空间计量模型构建 …………………………… (95)

第五节　评判商住用地增值指标的原则 ……………… (106)

第六节　本章小结 ……………………………………… (109)

第四章　深中通道对城市地产影响分析 ………………… (110)

第一节　研究区域图 …………………………………… (110)

第二节　中山市商住用地增值影响因素分析 ………… (112)

第三节　深中通道开工建设对商住用地增值影响因素

分析 …………………………………………… (151)

第四节　本章小结 ……………………………………… (198)

第五章　结论与展望 ………………………………………… (202)

第一节　主要研究成果 ………………………………… (202)

第二节　存在的问题 …………………………………… (206)

第三节　研究展望 ……………………………………… (209)

参考文献 ……………………………………………………… (215)

第一章　跨江通道与城市地产研究的缘起

第一节　跨江通道与城市地产研究的缘起

一、研究背景

国务院批准的《珠江三角洲地区改革发展规划纲要》中，深中通道建设被确立为现代化交通运输体系的基础性项目，按照我国高速公路编号，被命名为G2518。深中通道建设是世界级工程，总长24 km，将"桥、岛、隧、地下互通"集为一体，是贯通深圳和中山两个城市的重要交通纽带。

深中通道建设不仅缩短了深圳到中山两地的空间距离，加强了两地在经济、物流等领域的合作力度，也为两地经济的持续发展和民生改善提供了条件，同时为粤港澳大湾区的产业转移和升级发展奠定了基础，在连接珠江口东西两岸建设中发挥了重要作用。目前，深圳到中山的车程2~3小时，深中通道建设为人们的出行提供了极大便利，还能实现深圳、中山半小时生活圈，并能有效缓解虎门大桥长期以来的拥堵状况。

按照国家统计局数据显示，2020年我国商品房销售面积为17亿平米，商品房销售额17.36万亿元，增长幅度8.7%，如果加上2019年的商品房销售面积以及两年内房产增值的部分，我国的住房市值保守超过了360万亿元(约合55.5万亿美元)。按照《中国住房市值报告》显示，从2000年至2018年，中国住房总市值从23万亿增加至321万亿，其中住房存量占比为11%，而房价上涨占比则为89%。按约70%住宅商品房占比计算约有224万亿元，再按土地在商品房价格的全成本比例约60%计算，现在商住用地的价值约为135万亿。因此，把土地使用功能和效用最大化，一直都是政府部门以及专家学者关注的热点问题。

深中通道建设规划虽然在2008年提出，但是对中山房价影响不显著，中山市2009年度商住用地成交楼面价为655.26元/m^2，2010年为806.71元/m^2，2011年为740.93元/m^2，2012年为604.27元/m^2。对岸的深圳宝安区的这几年的房价大概在12 000元/m^2左右。从中山市国土局2014—2022年拍卖商住用地成交情况来看，2014年土地成交面积为200.46万m^2，成交楼面均价为1 222.70元/m^2；2015年成交面积为134.83万m^2，成交楼面均价为1 563.00元/m^2；2016年成交面积为94.43万m^2，成交楼面均价为3 170.00元/m^2；2017年成交面积为183.89万m^2，成交楼面均价为6 720.00元/m^2。2015年度单块商住用地拍卖最高楼面单价为3 810元/m^2，2016年最高为6 000元/m^2，2017年最高为13 564元/m^2。2018年最高为13 441元/m^2。从成交价来看，在深中通道正式开工建设后，中山市商住用地楼面均价涨幅非常明显，对商住用地价格上涨起到较大的助推作用。

(一)城市化发展进程不断加快

城市化发展不仅表现在更多农村人口到城市生活、产业结构的重心移向城市、更多的农用土地变为城市用地上，更表现在土地和地域空间的变化上。截止到2022年，虽然我国人口负增长，但是城市人口还在增加，面对如此巨大的人口基数，如何保障人们的生活质量和工作稳定是首要问题。伴随着城市化的持续快速发展，城市的基础设施与经济建设均会发生改变，这些因素都对城市的土地价值产生重大影响。

而深中通道建设为珠江口东、西两岸的交流提供了便捷通道，有助于两岸人才互通，进一步缩小两岸在经济、产业等方面的差距。像深圳市在经济发展过程中必然会带动周边卫星城镇的发展，深圳市空间发展局限和高房价问题导致一部分人选择在中山居住生活、在深圳工作。就像现在的惠州大亚湾、东莞塘厦、凤岗等地居住着很多深圳的上班族，每天上下班往返两地；还有一部分人在深圳周边给父母购买比较适合养老的居住地，平时在深圳居住和工作，周末到周边居住地与父母生活，一般是父母带小孩在周边城镇生活，因为周边房价低、空气清新、人流相对较少。

(二)住宅商品房价格不断攀升

中国城镇化率由2002年的36%上升到现在的60%左右，这些年是经济快速发展的阶段，也正是所谓的吃鱼身阶段。随着城市化进程的不断深化，我国房地产市场突飞猛进，城市商品房住宅价格也在不断攀升。据中国房地产协会统计，在1998—2002年间，住宅商品房销售价格提高3.72%，在2003年全国住宅商品房价格较之前有大幅度提高，涨幅为5.02%；2004—2014年涨幅高达212.52%，2015—2018年涨幅基本翻了一倍。为了控制房价，国家2017年3月在多个城市出台限购、限价、限卖等政策，有效控制住了全国大中城市房价过快上涨趋势。

（三）住宅商品房产业的发展潜力巨大

据统计从2000年到2020年这段时间，每年都需要建设4.86～5.49亿 m^2 新住宅商品房，据专家预测，在2020—2050年间，每年须新建住宅面积较前20年有所增加，约为5.76～6.53亿 m^2。由此可见，在2050年之前，我国房地产建设重点仍然是住宅商品房开发建设，住房商品房需求仍是我国经济增长的主要着力点，在国民经济中比重较大。由表1-1可知，在2009—2017年间，我国在住宅商品房开发占房地产总投资比例为71.1%左右，由此可知我国对住宅产业建设发展的重视。

表1-1 2009—2017年全国房地产投资资结

（单位:%）

年份	居住比例	其中		办公用房	商业用房	其他
		普通住宅	公寓、别墅			
2017	71	67.0	4.0	6.0	13.0	10
2016	67	64.0	3.0	6.0	15.0	12
2015	69	66.0	3.0	6.0	15.0	10
2014	70	66.0	4.0	5.8	14.2	10
2013	70	66.0	4.0	5.0	14.0	11

续表

年份	居住比例	其中		办公用房	商业用房	其他
		普通住宅	公寓、别墅			
2012	71	67.0	4.0	4.0	12.0	13
2011	73	68.5	4.5	3.0	12.0	12
2010	74	69.0	5.0	3.0	10.0	13
2009	75	70.0	5.0	3.0	10.0	12

资料来源：《中国统计年鉴》(2019年)。

(四)土地管理进一步完善

近年来，为解决土地管理问题，国家作出了一系列宏观调控政策，国务院于2006年发布的《国务院关于加强土地调控有关问题的通知》用规范化准则加强土地管理和调控，主要起到提高土地价值和利用价值的作用。城市可建设用地所有权属于国家，对于土地资产国家，在经济上采用增值和保值的方式体现土地所有权。在土地管理方面主要有以下问题：因缺乏完善的体制政策，使得土地资产出现大量流失；政府将土地使用权出让给使用者时，收取出让金的标准偏低；政府将土地使用权出让给使用者后，在使用期间内，土地增值收益将属于使用者，政府很难获得；扰乱城市建设中资金流通，阻碍城市基础设施和公共设施建设的顺利进行；在进行土地交易过程中采取违法违规的手段，影响土地市场的稳定和安全甚至危及国民经济的健康发展；由于土地交易金额较大，导致贪污腐败现象不断发生；权责制度体系不够清晰，交易过程不够透明和公平；无法促进土地资源的粗放利用向集约利用的转变，造成土地资源的浪费和破坏。

因此，我国土地管理部门和理论界应在充分研究土地增值规律的基础上，建立合理政策，引导形成有效的机制，防止国有土地资产流失。

二、问题的提出

(一)深中通道开工建设对城市商住用地价格和房价的影响

江海交通是指各类跨江大桥、跨海大桥、江底隧道、海底隧道、大陆连岛工程等交通基础通道。随着经济的快速发展，跨江通道建设直接影响两岸城市发展空间布局。近年来，随着城市化水平的提高、城市基础设施建设和空间结构变化、新兴产业发展变迁及建设用地面积的逐渐减少，城市发展用地问题日益突出。跨江通道建设对城市土地收益的影响显现出明显的时间差异和区域差异，在不同时间和地区，其收益显著不同。政府在出让商住用地时的定价是以基准定价为依据的，而时效性是基准地价的基本属性，能够真实反映不同时段的土地价值，因此，政府需要不断改进、完善监测方式和及时更新基准地价。

2016年12月30日，深中通道正式开工建设，中山市土地价格和房价开始报复性地上涨，尤其是对商住用地增值有更大影响。导致土地拍卖价格暴涨的主要原因是深中通道开工建设，次要原因是商住地块项目的社会、环境、经济因素也直接影响土地的增值。其中，商住用地项目的周边配套环境、常住人口、交通情况等都是共性的增值影响因素，而深中通道开工建设的影响就比较直接。

2017年3月，国家推出粤港澳大湾区发展规划，这个重大消息对大湾区城市的土地价格上涨起到了助推作用。但是，中山市政府开始对招拍挂商住用地拍卖楼面地价做了最高限制，竞拍到最高限价后开始竞配建人才房或自持物业年限，竞配建的人才房建好后无偿移交给政府。

中山市在2018年年底时，房价开始下降，商住用地招拍挂成交价格依旧在上涨。主要原因：①政府控制的存量土地在减少，每年商住用地建设指标有限定，招拍挂商住用地资源不断减少。②粤港澳大湾区规划政策出台后，很多内地百强地产公司都想进入大湾区市场获取商住用地来开发房地产；由于大湾区城市群中的深圳、广州城区基本没有招拍挂商住用地，政府招拍挂项目以旧改、产业、商业用地为主；佛山、东莞、珠海房地产市场已进入的百强地产公司有70%左右，唯独只有中山相对较少，所以很多内地百强地产公司不惜代价在中山招拍挂市场拿地，主要的战略布局是要进入大湾区市场，同时在大湾区能拿到项目开发从而方便整个集团融资。③已经在中山有项目的开发商由于各集团对城市公司有年度土地获取和房产未来三年销售任务，很多公司就用做大规模的方式获取土地，可以牺牲掉利润，只有做大房地产企业规模才能在融资和银行授信额度方面有优势。④中山很多商住用地在私人业主手上，由于他们的企业规模较小，在商住用地项目管理上有很多像债务、规划、手续、建设指标、闲置等问题导致外来的开发商不愿意收购，主要原因是承担的风险太大，收并购的方式也很复杂。

(二)土地增值的影响理论需要进一步完善

城市的土地收益在中央、地方政府和土地使用者之间分配，土地收益通过四种形式收取，包括地租、土地税费、股权收益和投资收益。由于存在多个利益获得者，如何对土地收益进行分配至关重要，其分配方式对城市经济的发展起着重要作用。城市土地收益分配体制随着土地有偿使用制度推行以来逐步发展，经历了从无到有到日益完善的过程，在提高土地资源利用率、优化配置结构、促进经济发展方面发挥着重要作用。但随着改革的不断进行，土地收益分配体制的各种弊端也随之出现，包括产权结构、政策及时性和使用制度等方面的缺陷。

1994年施行的《中华人民共和国土地增值税暂行条例》虽然有规定政府应对土地增值部分进行征税，从而达到回收土地增值收益的目的。但由于各种因素的影响，土地增值税的收取并未完全落到实处，很多开发商在缴纳土地增值税时，人为操作清盘的节奏放慢导致土地增值税征收困难。而现有土地增值税不仅阻碍城镇土地利用结构和利用效率的优化和提高，同时给城市存量划拨土地使用权进入市场增加了困难。为适应不断发展的城市化进程，政府投入更多资金完善基础设施建设，而如何进行土地增值回收越来越值得人们深思。近年来，我国土地管理和经济发展领域越来越重视土地利用问题，政府通过利用土地增值收益来建设城市基础设施，提升公共设施配套服务，鼓励土地使用者提高土地利用率，从而促进经济快速发展，政府在考虑提高土地利用收益的同时还要确保收入合理分配。

总的来说，随着经济发展的不断深化、土地有偿使用机制不断完善，跨江通道建设对城市土地增值影响的关注度逐渐增加，并从

三、研究目的和意义

(一)研究目的

中山市从2006—2016年的房价和地价涨幅在珠三角城市里面最小,自从深中通道开工建设之后,中山市商住用地价格成倍上涨,说明交通基础设施建设对商住用地增值的影响较大,但在2018年底,珠三角城市大部分城市土地拍卖成交价格在下降,很多城市的地块拍卖出现流拍,而中山市土地成交价依然上涨,正是深中通道开工建设导致了这种现象的发生,这也是本书的重点。

完善和发展跨江通道建设对城市商住用地增值影响理论,可以为江、河两岸城市土地增值研究提供商住用地基准地价更新、合理分配土地增值收益、防止国有土地资产流失提供全新的视角和研究方法。此外,研究跨江通道建设对城市商住用地的增值影响情况有利于提前为政府招拍挂商住用地定价作必要参考,有助于房地产企业做投资判断,这些分析研究成果对财务投资分析有借鉴和参考作用,有利于企业提前做好战略规划和投资预判。对跨江通道两旁城市购房者的投资、居住提前预判,同时能缓解高房价城市的居住压力。

(二)研究意义

本书将运用区域经济学、政治经济学、公共经济学、空间计量经济学等现代科学理论和方法,参考国内外在建设跨江通道建设中遇到的土地增值问题,选择备受关注的跨江通道开工建设对商住用地增值影响作为研究对象。研究意义主要体现理论意义和实践意义两方面内容。

1. 理论意义

本书通过研究商住用地价值含义与分类、增值过程与周期、影响商住用地增值的相关因素，反映深中通道开工建设对商住用地增值的影响，从而得出理论框架。首先，不同商住用地的价值种类和特点不同，本书尝试通过区分不同价值种类的商住用地，对城市土地增值理论含义加以丰富完善。其次，不同因素影响商住用地的程度不同，从而应当建立商住用地增值评估的相应准则，评估准则的建立促使人们从全新的视角来研究城市土地增值。最后，对商住用地增值进行评判时，采取不同权重和评判标准会产生不同结果，本书尝试通过改进权重和评判标准，使评判结果更接近客观实际。

商住用地增值理论是通过研究影响因素及过程分析，选用不同指标体系和测算模型，从而得出的不同结论。目前，国内外跨江通道开工建设对城市商住用地价值增值的影响研究文献较少，本书的研究不仅能引发更多学者对跨江通道建设对城市商住用地增值影响的思考，还能扩大研究的深度和广度，丰富跨江通道建设对商住用地增值的理论体系。

2. 实践意义

近年来，我国在跨江、海大桥建设中取得了瞩目成就，有已建成的港珠澳大桥、杭州湾大桥、胶州湾大桥等，还有很多在建和规划建设中的大桥。这些成就依赖于经济的快速发展和科技的进步，也为建设更多跨江、海通道项目奠定了坚实基础。目前，跨海、江通道已成为沿海、江河流域城市发展必不可少的大型交通基础设施，也受到了国内学者的广泛关注，在跨江、海通道建设水平不断提高的情况下，我国沿海发达地区（长三角、珠三角、胶州东等地）正由沿海发展扩大为跨海发展。粤港澳大湾区内的9个城市，是对外开放的重要窗口，在建设中国开放型经济体制方面是值得重视的力量。粤港澳大湾区内的江海交通建设除了对于区域内的经济发展有重大影响外，也势必会影响粤港澳大湾区的房地产市场。房地产市场需要稳健发展，本书的研究成果可以为政府制定各项房地产市场调控政策提供一定的现实依据，从而更好地维护大湾区内居民生活的稳定。

我们可以借鉴交通基础设施建设对城市发展影响的经验，研究跨江通道开工建设对城市房地产业的影响，这具有重要的理论与实践意义。

随着我国改革开放的逐渐深化，经济快速发展，人口基数不断增大，城市商住用地建设面积减少等问题迫使提高商住用地的使用价值。国内有很多城市位于长江、黄河、珠江流域，而跨江通道建设对城市商住用地增值的影响研究能最大限度地发挥应有价值，明确商住用地增值趋势，完善土地增值收入分配体系，改进相关体制，实现土地资源的最优利用，避免国有土地资产的浪费，这是解决两岸城市商住用地增值问题的关键。

首先，商住用地增值的影响因素很多，需要不断深入了解土地增值理论、基准地价定价标准、其他外在因素影响等，但是城市基础设施建设对土地增值影响最大。罗明、张欣杰与杨红（2018）曾提出为减少建设城市基础设施时面对的资金压力，政府可收取部分土地增值收益作为基础建设资金,因此,土地增值影响研究可以为城市土地经营提供新的思路。

其次,科学、合理的土地增值理论可激发商住用地价值潜力,高效的管理水平可提高土地利用价值空间,从而增加土地增值效益。土地增值不仅能促进资金在社会和土地市场中流通,还可调控土地供求关系,增加土地应用多样化,提高土地利用效益。土地增值理论合理化、科学化有助于健全土地市场管理体系,促进土地市场的健康发展。

最后,本书的研究分析能为土地增值体制改革提供参考,对土地增值收益的合理分配至关重要,合理分配制度可激发使用者的积极性,促进城市土地市场健康发展,如何调整分配比例是城市土地使用中亟待解决的问题。为解决收益分配问题,使征收和分配环节更为合理,政府制定了《中华人民共和国土地增值税暂行条例》及新税制等有关规定,虽然在一定程度上改善了分配方式,但经济改革不断深化,原有分配方式跟不上经济发展趋势,更新土地增值分配方式需求越发严峻。因此,为保障交易双方的合法权益,我国政府须进一步调整和完善土地增值理论体系,制定合理可行的城市土地地租、税、费管理制度。

第二节 研究对象、方法和逻辑框架

一、研究对象

本书主要研究深中通道开工建设对商住用地增值的影响——以中山市为例,具体指深中通道开工建设对已经做出城市规划和有片区控制性规划(已收储)的招拍挂商住用地项目地价和房价增值的影响。需要指出的是,本书将研究对象界定为城市存量用地、有建设指标的招拍挂商住用地项目,不包括农村集体用地、工业用地、商业用地、旅游、体育等用地性质的土地项目,因此,分析土地增值过程不涉及土地征用过程的分析。

二、研究方法

本书在参考其他学者对土地增值研究成果及区域特征的基础上,来展开深中通道开工建设对商住用地增值影响较显著的因素进行分类与归纳总结,而目前对土地增值影响因素在经济地理和城市发展过程中研究得较多,研究方向较为全面,涉及学科领域较多,研究方法由简单到复杂,数据分析统计到空间计量分析方法都有,文献资料有很多研究方法可以借鉴。本书主要采用三种研究方法:直接比较法、特征价格法、空间统计方法。

(一)直接比较法

直接比较法通常是将影响范围内外不同时段的土地价格和住宅均价直接进行对比,这种方法容易剔除其他因素的干扰,所以本书以趋势性的定量分析为主。王琼(2008),王霞、朱道林与张鸣明(2004)对交通沿线房价或地块价格进行统计,分析各环线范围内的平均房价或地价,得出环线内外价格的差异程度以及价格在不同时点的变化趋势。鉴于此类研究缺乏严谨性,尤其是对其他不相关因素控制较差,一些研究者开始运用数学模型进行定量研究。

(二)Hedonic 模型法

Hedonic 模型法(Hedonic pce model,HPM)是一种在处理异质产品差异特征与产品价格间关系经常采用的方法,早期主要用来编制汽车业价格指数,后扩展到房地产领域。此理论模型认为商品由众多不同的特征组成,由于各特征数量和组合方式的多样性,使得商品的价格存在差异。

Koopmans 和 Beckman(2002)用 Hedonic 模型对城市的增长变化影响土地价格的调查显示,城市控制区内土地的价格高于控制区外的价格。郑捷奋与刘洪玉(2005)在 Hedonic 模型法的基础上引入消费支出变量,考虑不同收入家庭不同消费偏好带来的估计结果,发现地铁、公园、学校、商场四个变量对房地产价格均有正向影响,其中,地铁引起的增幅最大。但由于地域文化差异,除大型交通设施外的学校、公园、商服中心等邻里因素不容忽视。不同的购房者对住宅喜好有所差异,在中国选择特征变量与外国有所不同,原因在于中国的居住消费理念对社区里面的公共配套设施建设比较重要。冯长春、李维瑄与赵蕃蕃(2011)建立较为全面的房价影响因素体系,发现房价随与地铁距离的增加呈指数递减的趋势。国外住宅多以独栋为主,所以在特征变量选取上对房屋内生结构因素的考虑更为重要,如卧室数、地下室数、浴室数等(Mathur,2013;Welch,2016;Golub et al.,2012)。周曦(2016)发现高铁带来客流的增加对周边土地价值有正向提升作用,且在中小城市这一效果比在大城市更显著。对轨道交通和高铁建设对房地产价格影响,多数研究均采用特种价格法测算,结果是房价随距离增加而衰减。以往研究中较少考虑大型交通设施所造成的噪声、交通拥堵、环境污染等因素对房地产价格的负面影响,但其实际影响效应不容忽视,本书认为大型交通设施对房地产价格影响的特征变量应从正负两方面选取。

目前,大型交通建设对沿线房价采用特征价格法的研究十分鲜见,跨江通道建设通常作为城市购房偏好的特征属性,购房者对房地产商品的需求特征会持续发生变化,在新旧特征更替时,在交通通道开通前后两个时期的特征价格模型会因特征变量的增减而不同。如何更好地反映影响因素特征,选取更具有代表性的变量,需要多研究国内外学者研究成果。

(三)空间统计方法

本书采用的空间计量模型有三种类型。

空间自回归模型 SAR(spatial autoregressive model)是指区域行为受到文化环境及与空间距离有关的迁移成本的影响,具有很强的地域性。

空间误差模型 SEM(spatial errors model)是考虑周边区域的解释变量对研究区的解释变量的影响,以空间误差项的形式加入计量方程,形成的空间计量模型。

空间杜宾 SDM 模型(spatial dubin model),是指空间自相关模型和空间误差项模型的组合扩展形式,可通过对空间滞后模型和空间误差模型增加相应的约束条件设立。

SAR 主要探讨空间滞后项,SDM 主要探讨变量在一个地区是否有溢出效应,SEM 主要测量邻近区域有关因变量误差影响该区域观察值的水平,不过使用传统空间计量模型阐述空间位置因素相对困难。丁刚、胡连升与严维青(2011)运用 GPCA 的和莫兰指数技术对我国省域人口安全水平进行了评价,结果发现虽然地区差距进一步缩小,但是在空间上依旧存在着较为明显的自相关现象。本书主要是用空间计量模型的 Moran's I 和空间权重矩阵,由于地域空间区域商品房年度均价缺乏均质性,即空间异质性,表现为不同类型的购房者拥有不同的偏好,这可能会扭曲他们对商品房特定结构属性的认知,形成一些拥有独特组合的细分市场,因此,空间计量模型、空间权重矩阵等方法的引入有其必要性。

三、研究内容及逻辑框架

本书主要围绕深中通道开工建设对商住用地增值的影响研究,由于各影响因素对土地增值程度不同,选用以定量研究方法来展开研究,全部分为正文和结论两部分,本书逻辑框架见图 1-1。

本书研究的主要范围是深中通道开工建设对中山市商住用地增

值的影响，资料来源于 2012—2022 年 275 块商住用地项目招拍挂成交楼面地价和 2011—2022 年 24 个镇街商品房成交年度均价作为样本数据。首先，本书是在跨江通道建设对房地产业影响、区位选择、不动产估价、土地增值理论研究的基础上，对中山市 275 块商住用地项目各影响因素（深中通道开工建设、地块、社会、环境和经济）指标对招拍挂成交价的影响做统计分析，根据数据统计建立 Hedonic 模型来分析各影响因素对商住用地楼面地价的增值情况，由于深中通道开工建设对不同区域空间范围房价影响不同，这种影响的不同主要用空间计量模型来补充分析空间区域价格的迁移和集聚效应等。

由于商住用地价格以及增值过程与周期随时间的不同而变化，通过深中通道开工建设前后对中山市商住用地增值影响进行实证分析，在不同区域，商住用地增值影响有比较大的差别，深中通道开工建设后在火炬开发区、港口、南朗镇延长线出口处区域土地增值幅度最大。在 2018 年年底，中山市房价开始下降，但是招拍挂商住用地价格依旧在上涨，主要上涨原因有深中通道开工建设、商住用地资源有限、外来企业扎堆进入中山市房地产市场，导致激励竞争推高土地价格上涨；深中通道开工建设后对火炬开发区、港口、南朗镇房价上涨影响最直接，但是与火炬开发区、港口镇交界的民众镇房价影响不大，也就是反映了房价和地价中心迁移变化。

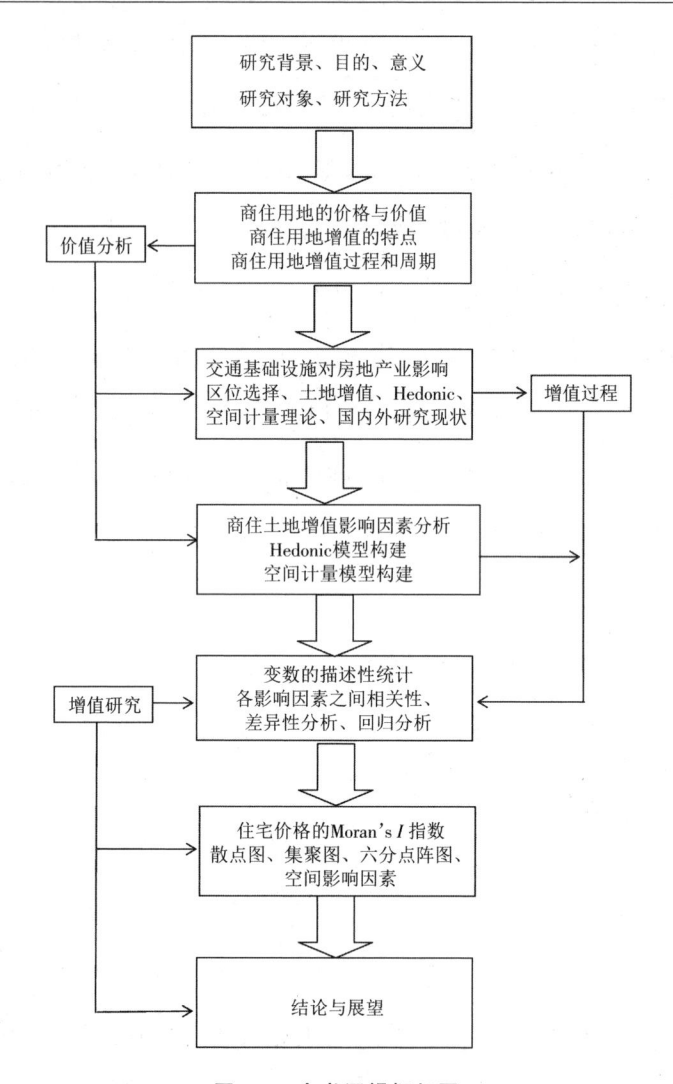

```
┌─────────────────────┐
│ 研究背景、目的、意义  │
│ 研究对象、研究方法    │
└──────────┬──────────┘
           ↓
┌──────────┐  ┌─────────────────────┐
│ 价值分析 │→│ 商住用地的价格与价值  │
└──────────┘  │ 商住用地增值的特点    │
       │      │ 商住用地增值过程和周期│
       │      └──────────┬──────────┘
       │                 ↓
       │      ┌─────────────────────┐  ┌──────────┐
       │─────→│ 交通基础设施对房地产影响│→│ 增值过程 │
       │      │ 区位选择、土地增值、Hedonic│ └─────┬────┘
       │      │ 空间计量理论、国内外研究现状│      │
       │      └──────────┬──────────┘        │
       │                 ↓                   │
       │      ┌─────────────────────┐        │
       │─────→│ 商住土地增值影响因素分析│──────┤
       │      │ Hedonic模型构建       │      │
       │      │ 空间计量模型构建      │      │
       │      └──────────┬──────────┘        │
       │                 ↓                   │
┌──────────┐  ┌─────────────────────┐        │
│ 增值研究 │→│ 变数的描述性统计      │←───────┘
└─────┬────┘  │ 各影响因素之间相关性、│
      │      │ 差异性分析、回归分析  │
      │      └──────────┬──────────┘
      │                 ↓
      │      ┌─────────────────────┐
      │─────→│ 住宅价格的Moran's I指数│
      │      │ 散点图、集聚图、六分点阵图│
      │      │ 空间影响因素        │
      │      └──────────┬──────────┘
      │                 ↓
      │      ┌─────────────────────┐
      └─────→│     结论与展望       │
             └─────────────────────┘
```

图 1-1　全书逻辑框架图

第三节 本书创新与不足之处

一、创新之处

目前，关于跨江通道建设对商住土地增值的研究文献较少，现有的研究大多是轨道交通和地铁等交通基础设施的建设对沿线房地产房价增值影响的研究成果，对跨江通道开工建设影响城市商住土地价格变化、区域空间结构格局演变研究较少。虽然跨江通道建设已成为交通基础设施建设的重要部分，但政府和经济学界对跨江通道建设是如何影响城市商住用地增值的研究还较为浅显。本书在地铁、高铁、其他大通道等交通基础设施建设对城市土地增值、利用研究方面做了相应的参考，同时将成熟方法运用在跨江通道开工建设对商住用地增值影响的研究中，并对跨江通道开工建设对城市商住用地用 Hedonic 模型和空间计量模型一起做了土地增值的研究分析。现有轨道交通和地铁对土地价格和房价的增值研究局限于开通建成后影响定性分析，缺乏开工建设前后的差异性定量探讨研究。本研究对深中通道开工建设前后对中山市商住用地的增值影响做了相关性、回归分析，结果得知对不同区域其产生的辐射作用有较大的差别。

本书与其他文献研究成果不同的是考虑了项目的地块方正、附近河流、湖泊、垃圾站、周边主干道、高速公路和学校，并对学校（中学、小学、幼儿园）做了省重点、市重点、普通区分影响；同时还考虑了深中通道开工建设所造成的噪声、环境污染等因素对房地产价格的负面影响。民众镇虽然与火炬开发区、港口镇交界，但是房价受深中通道开工建设影响不大，就是因为受到教育、地块等方面因素影响。

中山市在2018年年底时房价开始下降，商住用地招拍挂成交价格依旧在上涨。主要原因：①政府控制的存量土地在减少，每年商住用地建设指标有限定，招拍挂商住用地资源不断减少。②粤港澳大湾区规划政策出台后，很多内地百强地产公司都想进入大湾区市场获取商住用地来开发房地产；由于大湾区城市群深圳、广州城区基本没有招拍挂商住用地，政府招拍挂项目以旧改、产业、商业用地为主；佛山、东莞、珠海房地产市场已进入的百强地产公司有70%左右，唯独只有中山相对较少，所以很多内地百强地产公司不惜代价在中山招拍挂市场拿地，主要战略布局是要进入大湾区市场，同时在大湾区能拿到项目开发也方便整个集团融资。③已经在中山有项目的开发商由于各集团对城市公司有年度土地获取和房产未来三年销售任务，很多公司就在用做大规模的方式获取土地，可以牺牲掉利润，只有做大房地产企业规模才能在融资和银行授信额度方面有优势。④中山很多商住用地在私人业主手上，由于他们的企业规模较小，在商住用地项目管理上有很多像债务、规划、手续、建设指标、闲置等问题导致外来的开发商不愿意收购，主要原因是承担的风险太大，收并购的方式也很复杂。

政府对土地拍卖定价时以基准地价为依据，而基准地价必须具有时效性，能够真实反映不同时间的土地价值。因此，政府需要不断改进和完善监测方式，及时更新基准地价，避免因基准地价误差而导致政府在制定地价时发生的偏差。根据本书的研究，深中通道开工建设对延长线出口区域的地价和房价影响较大，在土地拍卖定价时就要区别于其他区域。就在2018年底，房价（房地产销售价格）开始下降时而地价（土地出让价格）还在上涨，怎么保持地价与房价的平衡也是稳定市场的重要手段。

二、不足之处

深中通道开工建设对商住用地增值的影响研究虽然已经完成对Hedonic模型和空间计量模型的设计，但对该模型的研究才刚刚开始，研究过程中笔者发现本研究主要存在以下不足。

笔者认为，因本书主要以商住用地楼面地价和住宅销售均价作为测算土地增值的工具，导致对政策是如何影响地价、房价的研究不足，为使研究成果真实可行，在之后的研究过程中要重点突出政策在房价变化中发挥的作用，以提高运用空间计量模型和Hedonic模型的测算能力。

由于笔者的水平有限以及空间计量资料的缺失，对空间计量模型没有深入探讨研究。

第四节 本章小结

首先，我国城市化进程不断加快、住宅价格不断攀升、土地管理政策不断调控，制定合理的土地政策，控制和防止土地资产流失，一直都是土地管理部门和理论界密切关注的问题。本书针对深中通道开工建设对商住用地增值的影响因素展开研究，深中通道开工建设后对中山市部分区域商住用地的地价和房价上涨有明显的促进作用，其中，在深中通道延长线出口区域影响作用最大。

其次，用直接比较法、特征价格法、空间计量统计方法建立了研究模型并对收集数据做分析和研究，本书主要围绕深中通道开工建设前后对商住用地增值等问题展开研究，主要内容包括正文部分和结论部分。

最后，本书的创新之处是深中通道开工建设是对中山市的商住用地的增值的影响，其他文献基本大多是交通基础设施对土地的增值和利用方面的影响。本书选取与以往不同的是考虑了项目的地块方正、附近河流、湖泊、垃圾站、主干道、高速公路和学校，并对中学、小学、幼儿园做了省重点、市重点、普通区分等影响因素对商住用地增值影响的研究。

第二章　土地增值从历史演变到学科贡献

第一节　商住用地价格和增值的界定

随着商住用地利用率的提高，价值也在不断放大，而商住用地价值随着不同时段经济发展而变化，分析城市商住用地价格和价值增值的根本原因和发展规律必须研究增值过程。

一、商住用地的价格

(一) 商住用地的地租和地价

地价和地租都是采用价格衡量的变量，这种量化的价格使得两者具有可比较的数量关系。土地所有权属于国家，国家将土地使用权出让给土地需求者，把一定时限内的土地使用权由国家转让到个人或企业过程中所发生的一次性货币交易数额就称为地价，即土地价格。

吴振华(2008)认为如果地价 P、R 地租分别用、来表示，地价和地租之间便可以用公式(2-1)表述：

$$P_0 = \sum_{t=1}^{70} \frac{R_t}{(1+i_t)^t} \quad (2-1)$$

其中，R_t 表示 t 年时的土地租金（$t=1,2,3,\cdots,70$），出让期限是 70 年；i_t 表示资金贴现率；P_0 表示土地期初出让价格（初始一次性货币交易数额地价）。

由于 R_t 与 i_t 都是关于时间的变量，地价与地租同样与年份相关，并不是不变的常数，用图 2-1 与图 2-2 分别表示地价和地租随时间的变化关系。在图 2-1 中可以看出，地租与时间相关，在出让年限最大值 $R_{\max}$ 与最小值 $R_{\min}$ 之间变动，R_0 表示期初出让地租或者等额地租，实际地租并不等于 R_0，随着年份不同不断变化，在 $R_{\max}$ 与 $R_{\min}$ 之间上下波动，可能位于 R_0 之上，也可能位于 R_0 之下。同时由图 2-2 所示可知，地价对地租影响较大，地租变动会引起地价的变动，地价是时间的减函数，最高地价为土地期初出让价格，出让年限越靠后地价越低，直到出让期满时地价最低。

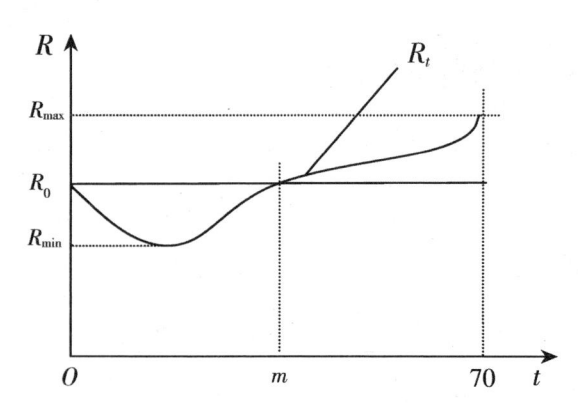

图 2-1 土地出让期间内地租的变化

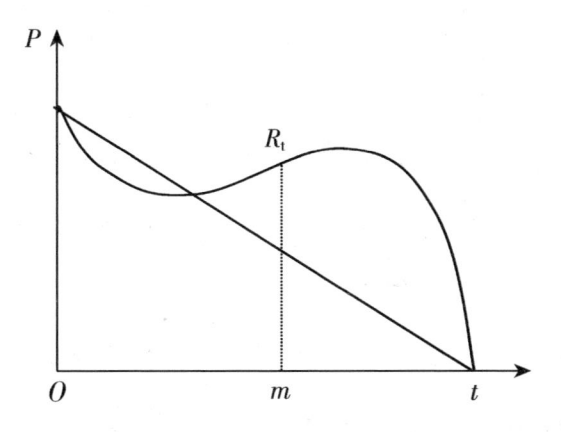

图 2-2 土地出让期间内地价的变化

若 m 是出让期内某个年份,则由公式(2-1)得到公式(2-2)

$$P_0 = \sum_{t=1}^{m-1} \frac{R_t}{(1+i_t)^t} + \sum_{t=m}^{70} \frac{R_t}{(1+i_t)^t} \qquad (2\text{-}2)$$

公式(2-2)中的 $t=m$ 时是土地出让时的地价,见公式(2-3):

$$P_m = \sum_{t=m}^{70} \frac{R_t}{(1+i_t)^t} \qquad (2\text{-}3)$$

综上所述,地价是地租、贴现率、出让年限的函数,其中任何一个变量的变动都会影响现有的地价。因此由式(2-3)看出,土地期初出让价格可以用土地出让期限内(假设等于70年)各年地租的现值加总来表示;土地出让期内价格可以用剩余出让期限内(小于70年)各年地租的现值加总来表示;而在出让期到期时地价最小。

当土地出让期到期后有两种解决方案:①续期是指延长土地使用权的购买期限。《中华人民共和国城市房地产管理法》第22条明确表示在土地出让到期时,如果政府没有收回土地使用权从而有促进社会整体福利提高的必要政府应当准许续期,续期申请需要在出让期到期前一年提交,如果申请得到批准,需要订立新的土地出让合同，缴纳约定金额即可。②无偿回收是指政府收回土地使用权不再出让，《中华人民共和国城市房地产管理法》第22条明确表示，在土地出让到期时，没有提交续期申请和续期未获批的土地，土地使用权依法转移为国家所有。同时在《中华人民共和国城镇国有土地使用权出让和转让暂行条例》中也有明确规定，第40条说明在土地出让到期时，出让土地及土地附着物均依法无偿转移为国家所有。这表明土地出让期满时，国家不仅可以无偿收回土地使用权，同时也将获得其建筑物的所有权。

（二）商住用地价格的形成机制

地价是指在一定时期内为获得土地使用权所支付的货币金额，由上文可知，地价高低取决于土地出让时及出让期内地租。土地价值与土地出让时及出让期内地租有关，一方面，土地的投资价值量与地租高低有关；另一方面，土地使用价值与出让期长短有关。这就使得土地价值与土地价格相关，不过这种相关性一般并未得以直接体现，造成这种情况的原因主要是商住用地效用和一般消耗型商品不同，由于土地资源是稀缺的，在一定的土地存量条件下，随着时间推移，劳动投入量增加，就会使得土地需求大于土地供给，增加土地价值，而不是使得土地不断折旧。但是由公式(2-1)可知，地价由未来各年地租现值加总来表示，土地价格是出让期限内时间的减函数。这就造成了土地的出让期限中价值和价格的差异性，使得出让期内的土地使用权并不具备商品一般价值规律，仅在出让期初才符合商品价值和价格相关性的一般规律。而在出让期内其他时期的地价不再取决于土地价值，并没有明显的对应函数关系，也不一定符合商品的一般价值规律。

因此，土地价值并不能完全决定地价，即一般商品的价值规律并不完全适用于两者之间的关系，地价更多地还是与地租相关。但是地租与土地价值之间存在较强的相关性，地租能够表示出让期内某一年的土地价值，因此，土地价值可以直接决定地租高低。

1. 商住用地需求价格

在一定时间内土地使用权申请者购买一定面积的商住用地使用权，并有能力支付的最高价成为商住用地需求价格。Lerman(1987)表示申请者同时具有购买意愿与支付能力而形成需求价格，二者缺一不可。但是由于商住用地使用权申请人资金状况、风险及盈利状况不同，他们支付能力同样存在差异性，每个企业或个人的经济测算和核心竞争力、战略规划不同，就会导致对商住用地项目接受的最高价不同。

2. 商住用地供给价格

在一定时间内政府出让一定面积的商住用地使用权，并愿意有能力接受的最低价就称为商住用地供给价格，商住用地市场中均衡价格的决定不仅要考虑商住用地使用权需求方面，还要考虑商住用地使用权的供给方面。Mcmillen 和 John(1991)认为商住用地市场价格是由双方共同决定的，市场营销学中商住用地使用权的出让方要出于经济收益最大化考虑定价，供给价格的确定要综合考虑供地成本、市场竞争、消费者偏好、土地短期发展态势、周边市场均价等多种因素，要在需求量为零的最低价和利润为零的最高价之间进行定价。

在市场经济制度下商住用地的价格主要是由供给与需求共同决定的,但是由于存在市场失灵情况,有些招拍挂商住用地起拍价格高也还是会有很多企业参与,说明很多企业在追求规模的可以牺牲利润,甚至在粤港澳大湾区政策出来后很多内地企业在大湾区拍地势在必得,主要目的是提前对中山这个市场做战略布局。

(三)商住用地的土地价值与价格的关系

传统经济学认为,商品价值在市场中表现为商品价格,这主要体现在以下四点。

(1)商品价格围绕价值上下波动,价格是价值的表现形式,但这种表现形式并非绝对形式,而是一种以价值为中心的相对表现形式。在实际交易中,由于影响价格的因素有很多,并不只有商品价值,这就导致了价格与价值在一定范围内存在偏差,价格可能大于价值也可能小于或等于价值。

(2)长期来看,商品价格取决于商品价值,根据马克思政治经济学中的观点,尽管价格在短期内可能偏离价值,但长期来看价格有不断趋近于价值的趋势。如果商品价值高于价格,生产商品的收益就会减少,在市场竞争的条件下由于企业追求最大收益,就会减少这种商品的生产投入,而投入其他价格高的商品生产当中,导致该种商品的供给量减少,在需求保持不变的条件下,商品价格就会上升。如果商品价值低于商品价格,则恰好相反,厂商获得较大利润,一方面增加生产产量,另一方面会吸引其他厂商进入,导致市场中该商品供给增加,价格下降。上述两种分析不管发生哪种情况,都会导致商品价格逐渐趋近于价值,即在长期价格围绕价值中心上下波动是由商品的价值决定的。

(3)在一定的时期内,商品价值变化会导致商品的价格发生变化。

(4)商品的价格还受到货币价值量影响,市场供求关系以及商品价值会决定商品价格,国家发行货币量的大小同样会引起价格的变动。

由于商住用地土地价格和土地价值与一般的商品不同,涉及的影响因素更多,这就导致商住用地价值与价格的关系更加复杂。

二、商住用地增值的特点

商住用地价值受到经济、人口以及市场、政策的影响,经济的快速发展也会使得商住用地价值增加即商住用地增值。这种社会进步导致价值增值普遍存在于商住用地交易市场当中,具体来说,在商住用地收储、出让、再流转及商业经营土地的价值所产生的变化就称为商住用地增值,本书研究的土地增值范围是在土地收储和出让阶段。土地出让之前由政府收储,政府根据发展要求对现有土地进行开发、储备或收购来进行土地规划就是商住用地的开发过程;而使用者获得土地使用权后进行房地产项目开发经营就称为商业经营过程;拆迁、抵押、出租、转让土地等称为再流转过程。商住用地的增值在开发和商业经营阶段很难直接表现出来,而土地价格与地租变动在出让和再流转过程中说明了商住用地增值的变化(吴振华,2008)。商住用地增值特点主要包括以下几点。

（一）整体性

商住用地增值通常具有区域性特征，是在某个地区内的土地发展经营的结果，在形式上表现为区域内整体土地价值增值，这种由区域内商业结构和性质相似性所引起土地价值增值的协同称为整体性。

（二）长期性

经济社会不断发展，人口不断增加，有限的土地资源将会变得更加稀缺，从而使得土地在未来特定的时间段不断增值。

（三）独立性

土地价值通常被认为同土地上的附着物相关联，然而附着物随着时间推移会不断被折旧，使得附着物价值逐渐降低，土地的价格会长期性地不断增值，就说明土地增值与地上附着物存在相对独立性。

（四）共存性

一种商品具有使用和增值两种属性，一般而言，使用商品会使其价值不断降低，两种属性不能同时表现出来。但是商住用地却具有其特殊性，随着土地开发使用，产业群不断集聚现象的发生会使土地增值与使用同时出现，即两种属性存在共存性。

（五）主动性

商住用地使用者改造土地都会使得土地价值提升，无论什么时候主动投入资金、劳动力用于商住用地建设，都能提高土地价值。

（六）被动性

被动性是指商住用地被动地受到外在环境影响而实现增值，随着周边商业发展、基础设施完善、环境状况改善等,即使该土地没有增加主动投入,土地价值也会不断提高。由于这种增值是由外部环境改善造成的,故又称为外部辐射性。

三、商住用地的增值过程和周期

根据上文对商住用地增值的理解及其特点把握,不难发现商住用地增值过程具有复杂性和持久性。吴振华(2008)认为城市土地具体建设方式取决于该城市的规划方案,城市规划是商住用地增值过程的开端。此外,土地增值具体可以划分为 8 个阶段,如图 2-3 所示。

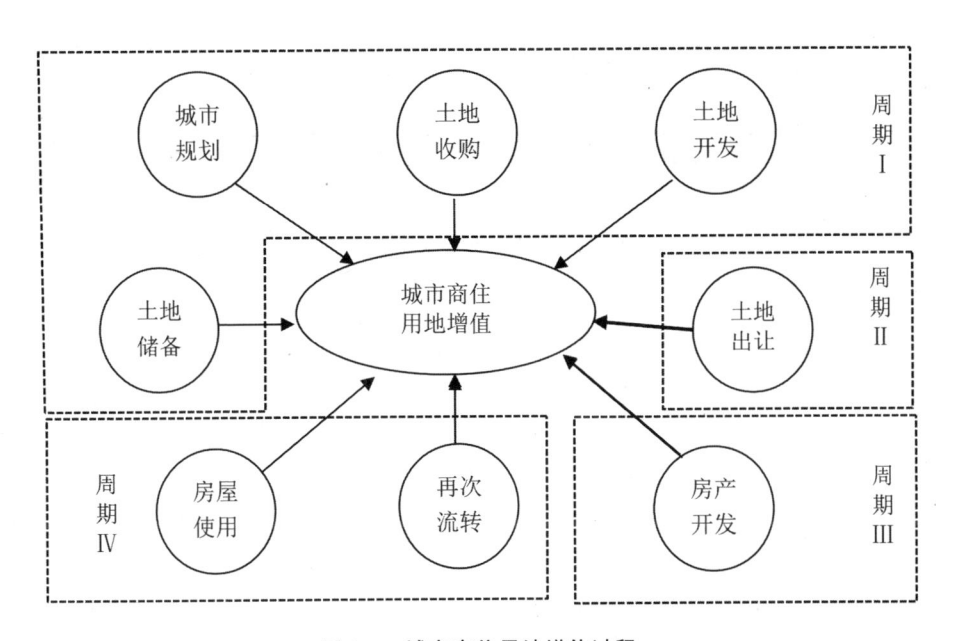

图 2-3 城市商住用地增值过程

在商住用地增值过程的 8 个阶段中,每个阶段的价值并不相同,将增值过程划分为四个周期,如图 2-4 所示,其中:V 表示价值,t

表示时间周期Ⅰ（规划）是经过土地开发整理已收储；周期Ⅱ（出让）是三通一平已完成达到开发条件；周期Ⅲ（房产开发）代表开工建设至新房出售之前；周期Ⅳ（房产运营）代表新房出售至达到交付条件。

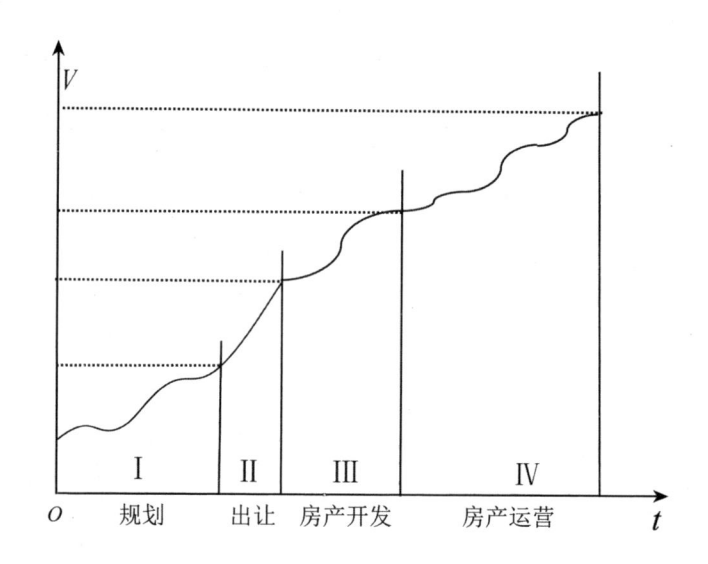

图 2-4　城市商住用地增值周期

第二节 理论基础

一、交通可达性对土地价值的影响理论

(一)交通可达性对土地价值的外部性影响效应

根据新古典学派代表人物马歇尔的观点,土地需求是地租的决定因素,而土地边际收益产量则决定了土地的需求价格。通过对土地经营集约度和价格相关性分析得知,土地价格越低,越不注重单位土地的利用效率;如果土地价格逐步提高,则会提高单位土地利用效率,从而会扩大使用土地范围,例如增加房屋高度来提高土地收益。作为新古典经济学理论之一,同样需要满足市场和"理性人"假设两大前提条件,利用消费理论、生产理论和市场均衡条件来研究经济运行,并在此基础上构建两个局部均衡,根据均衡分析可以发现最终购买土地者与城市中心的路程呈正相关。

1960年之后,西方城市竞租理论开始兴起,竞价理论则研究了不同购买土地的意愿者之间的竞争活动,美国经济学家阿郎索的著作《区位和土地利用:地租的一般理论》中提到在经济学研究中考虑区域间的距离以及空间概念,提出了新型竞租模型,为现代新古典城市区位理论发展掀开了新的一页。竞租理论研究指出交通可达性与土地需求者、地价之间的关系属于地理学与经济学的结合理论,

获得土地使用权所付出的成本就是地租。现有土地数量是有限的,由供求理论可知,均衡地租由土地需求单方面决定。地理位置偏远会使得交通成本增加,土地价格通常较低,这样将土地成本嫁接到交通成本上,从而使得土地购买者在所有区域上实现总成本的一致,实现收益均等化或者取得同等满足程度。竞租理论是指土地需求者根据利润最大化原则,综合考虑地租以及土地所能为自己带来的收益来决定是否租用某个区域土地。土地需求者之间的偏好并不相同,这就造成了不同土地所面临的竞价曲线在不同人之间也不相同,土地供给方出于自身利益的考虑,必然将所拥有的土地出租给支付价格最高的购买者。根据新古典主义经济理论,土地价格机制可以有效调节市场上土地需求和供给,从而达到市场的均衡。此时,社会土地配置达到帕累托最优,不存在任何土地使用者改变其购买土地的区域或者数量来增加自身效益;土地供给者也不能通过降低土地出售面积或增加出租价格来获得更大利润。

阿郎索在"城市竞价模型"中指出:到市中心的距离不同所造成交通成本的差异会影响到城市土地使用方式,这是因为一些土地使用方式会受到政策、市场等各种因素的影响,土地项目远离或者是靠近市中心就为地租曲线不同斜率的出现创造了条件,以市中心商业圈层为内部核心,依次为商务服务中心、住房区、工厂工业区、住户小别墅群及农田等。

城市房地产建设与土地自然属性和经济属性相关,土地自然属性是指土地有限性、非同质性、不动性;土地经济属性是指土地在经济社会中所具有的稀缺性、使用过程中的集约性。阿郎索认为土地价值会受到辐射性影响，城市用地的价值往往受环境外部性的影响，且影响程度较深，但是地价并不能很好地表现出这种外部性影响。土地价值的增加并非资金投入规模或者是土地规划使用方案所造成的，而是因为正向外部因素的存在才造成了土地价值增加；如果城市土地市场存在负向外部性，就会造成土地价值降低。城市通道建设规划是政府出于城市区域发展的考虑，交通便利正是城市内正向外部性产生的主要推动因素。

(二) 交通基础设施对地价、房价的延伸性的影响

陈章喜 (2018) 在新城建设的一项研究中指出，市中心土地资源稀缺并被充分利用时，新城建设就成为城市发展的必要途径。"跳出旧城，发展新城"首先要建设好城市交通配套基础设施，实现新城旧城互联互通，确保新城更好更快发展。城市交通建设属于公共物品，通常需要政府来提供，而政府的建设资金较大部分来自土地出让金的收入，因此，政府建设城市交通的前提就是能够售出土地获得财政收入。结果就形成了城市延伸发展过程：城市交通基础设施建设是房地产行业开发新城区的基础，政府在新城区交通建设中的资金投入，同样会促进新区房地产行业的第二轮发展并且具有持续性特征。

Lawless 和 Dabinett (1995) 提出轨道交通建设过程与其对周边商住用房价格的影响并不存在即时对应关系，他们在统计大量交通通道建设与房价之间关系的基础上发现轨道交通正式运营前对周边住房价格效应达到最大值。Bowes 和 Lhlanfeldt (2001) 系统分析了韩国汉城轨道交通 5 号线的开发进程，规划方案的提出使周边房价产生了大幅度增长，但是在轨道列车正式通车两年后房价却开始趋于平稳，影响效应逐渐消失。谷一桢与郑思齐（2010）对北京轨道交通 13 号线进行相关研究分析，结果表明房价的正向增长效应仅持续到轨道正式通车后的两年，他们认为造成这种现象的原因在于两年内城市交通网络迅速健全，居民交通选择方式更加多样，使得居民拥有更多轨道交通替代出行方式，减少了北京对轨道交通 13 号线的搭乘需求。何丹与金凤君（2013）调查了北京轨道交通 4 号线建设进程对周边房价的驱动效应，结果表明轨道交通 4 号线的建设对周边房价产生了持续显著的正向增长效应，不仅在轨道 4 号线通车之前和正式运营之后的几年内，周边房价有显著增长，甚至比建设期的驱动效应更加明显。

（三）交通基础设施建设对预期房价的影响

按照经济预期理论可知：人们的预期因素同样会对购房需求产生影响，从而影响房屋价格。政府建设项目规划的发布以及某区域基础设施的建设都会对开发商和购房者的房价预期产生巨大影响，进而改变其开发计划或者住房需求。

按照理性预期假说，人们不仅会对现存的事物做出反应，同时会考虑未来可能发生的情况，而这种对于未来的预期很大程度上会改变人们的行为决策，从而不可避免地影响经济活动发展。甚至当大多数人预期到房价会上涨时，这种预期的影响可能会成为现实。这说明城市交通基础设施建设对房价的影响不仅取决于交通建设所带来的实际便利，还取决于人们对该项目建设对房价产生影响效用的预期，人们根据预期情况来决定自己的投资或购买计划。

从供给侧分析：高速铁路的建设开始进入开工阶段，基本不会被叫停或者是改变各站点等具体设施的位置，这使房地产开发商在交通基础设施开工之日起就可以做有保障情况下的投资方案，从而实现投资利益最大化。这就造成在开工阶段，大量房地产开发商选购新区土地，通过购买优质土地使用权来推动土地价格不断上涨，地价的上涨会对现存房屋价格产生显著的正向驱动效应，从而推动房价上涨。

从需求侧分析：高速铁路一旦正式开始开工建设，就意味着政府正式给予民众下一步将会重点建设该区域的信号，新交通线路建设将为该地区带来更为便利的生活配套设施，很快就会吸引有购房意愿者投入。这种突然增加的购房需求，在市场供求理论的作用下将会显著拉高住房价格和土地价格。

二、区位选择理论

区位选择理论自1826年农业区位理论基础上开始兴起，早期的区位选择理论称为古典区位理论。在杜能《孤立国同农业和国民经济的关系》一文中提出农业区位理论，他通过对各产业布局的调查，得知农业分布规律与地价之间的关系，并奠定了区位选择理论的基础。

古典区位理论研究的是资源配置问题，通过分析企业生产的交通成本、人力成本等因素，探讨企业区位选择的决定。企业的运输成本和消费群体相似，同类企业之间就存在竞争，空间距离越近，竞争越激烈，随距离的增加，竞争压力逐渐减小。为减小竞争压力，市场由若干个子区域组成，这些销售者在子区域中处于垄断地位。

陈秀山与张可云(2003)指出区域经济学归根到底是基于区位选择理论建立起来的，在既定条件下，企业选择区位要根据一定规则综合考虑各种相关因素，这些要素之间的相互关系及影响正是区位选择理论的核心问题，企业主体出于经济发展考虑选择地块的过程就称为区位选择。蒋芳与朱道林(2004)认为，随着我国城市化进程的不断深化和经济发展，土地市场日趋成熟，投资者越来越重视区位价值的影响作用。同时，社会各界越来越关注地价的自然属性、社会属性和经济属性在优化土地资源配置方面发挥的重要作用(张裕凤与李静，2007；张鸿辉、曾永年与金晓斌，2009；常疆、廖秋芳与王良健，2011)。

当前市场经济发展过程中，城市地价、房价增值是分阶段进行的，按照交易双方的不同主要分为两个阶段。第一阶段是土地出让阶段，是开发商从政府手中购买土地使用权的阶段；第二阶段是消费者从开发商手中购买住房使用权的阶段。在上述过程中，购买者都会基于自身的偏好来选择土地或商品房，在这种偏好选择中开发商和购房者的偏好是统一的，其中，购房者的偏好处于决定性地位。因为购房者会考虑住房的舒适性以及区域生活便利性，然后实现自身效用最大化的住房环境。而开发商面临的客户正是购房者，只有充分考虑购房者的偏好，才能使得自己开发的商品房有更好的市场而获得更高收益。同时，开发商还要考虑住房投资成本、企业发展定位。根据马斯洛的需求层次论，人的需求由低到高分别包括生理需求、安全需求、情感需求、尊重需求及自我实现需求,人的追求也是按照从低到高依次进行,只有当人的前一个需求得到满足之后,才会追求下一个需求层次的内容。人们的住房需求同样是来源于实际生活中的各个方面,开始时人们出于生活和生理需求考虑,当满足这些需求条件之后,人们就会注重追求住房的安全性以及满足受尊重的需要。张文忠(2001)指出虽然购房者的目的可能并不仅限于自我居住,也可能出于房产投资目的,但是这种投资需求所考虑的因素与自住购房者偏好相同,投资者选择房产最终都是要提供给消费者居住使用,只有符合住房者偏好的住房才能够更好地升值,从而给投资者带来利润。白润光(2009)指出便利和舒适两要素是住房购买者考虑的主要因素,这两要素主要体现在居住社区的空气环境是否舒适、基础配套设施是否完善、生活的安全保障是否到位。

随着城市化进程的不断加快,城市中心发展不断向四周辐射扩散,市中心的发展促进第三产业如零售业、金融业和办公租赁业等的飞速发展,这些产业带来的服务让居住在这里的人们的生活更加方便快捷,各种产业互相作用、相辅相成。随着城市人口的增加,经济发展速度的不断提升,所需资源也逐渐增多,但整个城市的环境污染和破坏、垃圾处理等问题也越来越严重,导致很多城市的市区居住舒适度降低,促使部分人选择远离市中心去往郊区或环境舒适的地方居住生活。

人们选择居住地时符合家庭生命周期理论,不同年龄的居民选择不同的居住地。单身青年选择居住地时考虑的第一要素是是否交通便利、生活便捷，他们通常选择城市中心的单身宿舍或公寓；新婚夫妇选择住宅时除考虑交通便利程度外，还会考虑交际和环境条件，他们通常会选择城市周边的中高档住宅区；而老年人因固有的特点，他们在选择住宅时首要考虑医疗卫生条件，而对比郊区，市中心的医疗条件更为完善，因此市区是老年人的首要之选。

白润光(2009)认为按照居住需求将区位条件划分为便利性和舒适性，针对这两种影响购房需求的主要因素可以建立无差异曲线进行分析，如图2-5所示，无差异曲线代表了两种要素组合下消费者获得的效用水平。无差异曲线上的每个点代表一个消费组合，这个消费组合是便利条件和舒适条件共同作用的结果，在不同曲线上的组合对消费者的影响不同，同一曲线代表相同效应，效用大小和原点距离成正比，对消费者来说，舒适性和便利性区位条件两者相辅相成、互相补充，同时无差异曲线凸向原点表明边际替代率递减。

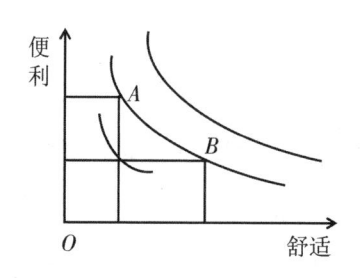

图 2-5 居住偏好无差异曲线图

在家庭的生命周期中，消费者购买住房的决定不仅取决于消费者的收入，同时还取决于消费者及其家庭的年龄变量。针对这两种影响购房需求的主要因素可以建立无差异曲线进行分析，如图2-6所示，无差异曲线代表了两种要素的各种组合下消费者的购买力，无差异曲线是凸向原点的，离原点越近购买能力越小。无差异曲线向右下方倾斜，这表明在保持相同购买能力的条件下，收入对年龄的边际替代率随着年龄的增加是不断减少的。这种现象与银行的住房贷款审批制度有一定关系，银行现行住房贷款规则是收入越高、年龄越小的贷款信用越高，这类人往往具有更高的偿债能力，可贷额度同样较高。

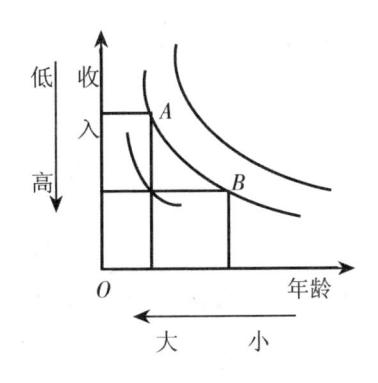

图 2-6　约束居住决策的曲线图

总之，不同购买主体的区位选择偏好实质上是统一的，都是出于生活便利和住房舒适两方面的考虑。尽管购房者的年龄和收入并不相同，但是他们对生活配套设施齐全、交通便利的项目选择偏好是一样的。然而，在住房市场达到均衡时，不同住房消费者的效应函数往往具有相似性，有理由假设这些效应函数是一致的，表明不同住房者之间的偏好具有一致性。开发商从政府手中获得土地使用权，并不是为了满足自身的需要，而是为了开发建设住房满足购房者的需要，从而获得购房者的支付款项实现自身利润。如果开发商选择的地段符合购房者的偏好，就可以更好地满足购房者的要求，从而取得更好的销售业绩。同时，根据特征价格理论，土地周边的规划与开发情况将会直接影响到开发商的盈利情况，两种要素都会改变现有的房屋价格，这表明开发商与消费者之间的偏好具有一致性。综上所述，商住用地的价格要受到土地规划与开发情况、周边交通便利性及区位舒适性状况的影响。石坚(2016)认为城市规划区内区位的城市空间扩展可能性要远远大于城市规划区外，位于环境敏感区内的区位由于相关环境保护规划的存在，其发展可能性也会低于其他条件完全相同的区位。

土地自身固有自然属性和规范约束决定了其使用功能，要想在土地效用上有价值，首先要能满足消费者的某种需求，同时消费者要有愿意支付的能力。土地在相同的区位但使用方式的不同会给土地给消费者带来的效用不同，同样的商住土地在相同的区域，由于土地的使用方式不同也可能使得土地的价值相同。上述两种情况正是由于不同使用方式所决定的价值评价标准不同，不同使用类型的土地通常具有不同的盈利能力，一般城市土地使用类型包括住房用地、商业用地、工业用地、社会基础设施用地等，作为选择使用土地的购买主体，对不同类型土地的区位偏好并不相同。区位选择理论研究仅限于居住用地，对其他类型土地选择偏好的一致性并未涉及。通常情况下，我们认为在同类土地使用过程中，消费者的偏好相似，基本符合偏好一致性原则。具体而言，居住用地通常都侧重居住环境情况、基础生活设施(健身场所、医院等)完善性及交通便利程度等；商业用地则强调周围商业发展情况，基于商业聚集效应的考虑，商业用地的选择大都考虑商业活动类型以及规模、交通情况、消费者购买力、金融机构发展程度及娱乐服务业发展状况等；

工业用地强调原材料成本、运输成本、劳工成本、能源成本及产品市场等因素。土地的区位情况决定了土地的最佳使用用途，出于机会成本的考虑，土地必须根据当前土地用途在适当范围内发挥区位价值。

购房者对商品房具有不同的购买目的，但他们对于住房区位选择的偏好却具有统一性，符合偏好一致性。如果商品并不是住房而是其他类型的不动产商品，消费者所面临的偏好将不存在一致性，各有各的考虑重点。就像住房通常考虑住房周边环境状况、宜居程度、交通情况及教育情况等，并且均与消费者的满足程度成正比，而对于商住用地而言，通常不会考虑交通噪声等问题，且大多为了便利性和价格需要选择临街地块商品房。基于消费者心理规律，分析与消费相关的各种变量及其关系，从而研究不动产消费偏好问题的理论属于区位选择理论的范畴。区位选择理论起源于微观经济学，使得其继承了微观经济学的分析方法，即从消费者行为出发来说明固定资产的价格决定。不仅利用特征价格模型来分析固定资产价格，同时也说明消费因素对不动产价格变动的影响。而特征价格理论则假定产品非同质，并以此来分析价格的构成，这显然与区位选择理论不同。综上所述，要想充分了解各种要素对土地价值产生的影响和程度，应当分析不动产价格与物质属性的相关性。

三、不动产估价理论

国外对不动产价值理论的研究开始于18、19世纪，古典经济学的发展为其提供了理论依据。17世纪初英国著名的古典经济学家威廉·佩蒂(William Petty)曾提出价差理论,他坚持地价是土地地租资本化的产物,在当时引起了巨大反响,促进了地租理论的发展。但随着研究的深化,我们发现威廉·佩蒂的地租理论有两个致命缺陷:一是将利润和地租混为一谈;二是认为使用价值和价值是相同概念,反对地租由劳动产生而认同土地的恩赐等观点。理查德·坎蒂隆(Richard Cantillon)也是英国著名的古典经济学家,同佩蒂的部分观念相同,他也认为地租是一种剩余,但与之不同的是坎蒂隆认为市场价格中去除生产成本和利润的剩余部分才是地租,他的理论作为佩蒂地租理论的完善和补充,对地租理论的发展产生了深远影响。

卡尔·马克思(Karl Marx)在19世纪后期提出的劳动价值论,使古典价值论受到巨大挑战。马克思对古典价值论进行批判性继承,在劳动价值学说的基础上创造了科学的、广受认同的地租理论。马克思认为价格是资本化地租的表现形式,即土地价格＝地租/利息率。马克思对不动产价格的计算在很大程度上与现代收益法计算公式类似,是现代不动产计算公式的基础。

艾建国(2002)提出影响不动产估价的一般因素主要包括社会因素、经济因素、制度因素和自然因素等,也是普遍存在的影响因素。社会因素是指社会上的各种事物,包括社会群体、基础设施、基础教育、社会福利、不动产交易惯例、风俗习惯、社会成员心理状况及国际、国内政治和治安管理情况等。经济因素也是影响不动产价格的重要因素,经济发展状况不同,经济结构、财政税收、银行储蓄、国民消费、就业状况及国际经济状况的差异,都是导致不动产价格高低变化的重要因素。制度变化会对房地产价格产生巨大影响，不同土地制度、住房制度和行政隶属关系、城市规划和建筑标准的差异以及地价、税收、政策的不同都会影响不动产价格。在不动产估价理论中囊括了多种经济学分析方法，对影响土地价格相关因素做了系统分析后，不动产估价理论认为，在市场经济条件下土地的供求关系是房地产价格的决定性因素，我们可将不动产视为特殊商品，相对于一般商品来说，不动产商品拥有众多因素组成的固有特性，这些因素从不同方面、不同途径影响不动产的供求关系，该理论看似在研究其供求关系，实际上是在研究影响供求关系的相关因素。

按照影响范围不同，将影响不动产估价差异的因素分为一般因素、区域因素和个别因素。与一般因素的宏观性影响不同，区域因素的影响是在略中观的空间层面上发生的，属于中观层面的因素，中观要素是宏观要素的重要部分，任何宏观要素都是在一定区域的空间内实现的，不同区域的不动产因经济条件、社会历史状况、制度体系和自然条件不同，其价格也有巨大差异。个别因素是不动产本身固有的特性，是从微观层面影响不动产价格的相关因素。包括社会要素、经济要素和自然要素在微观层面的具体体现，宏观、中观因素的分析必须有微观层次因素作为基础，微观要素是像细胞一样的有机结构体，整体依靠个体表现出来，并在不同个体之间的联系中反映出来。对某一不动产项目来说，在整个区域内的地位可通过个别价格因素反映出来，对土地来说，它在整个区域内的价值由土地区位条件反映，其区位条件包括土地的地形特点及地形是否规则、地质构造、土地面积大小和所处位置、地块是否方正和是否临近主干道、周围交通便利程度、周边其他的房地产业态、政府规定规划设计条件等。按照不动产的种类适用性和稀缺性差异将区域因素分为住宅区域、商业区域和工业区域三种不同区域因素。不同类型的不动产具有不同收益，为人们提供的作用也不同。周边居民聚集情况、规模大小、业务种类、交通便利程度、邻近地域、周围同类商业存在情况均影响商业区的不动产价格。住宅区主要侧重居住质量，其影响因素主要包括生活设施的完善与否、居住地周围环境是否优良、交通便利程度、周围商业设施及公共配套设施是否齐全和是否存在污染噪声等问题。工业区域更关注市场和原材料，其因素主要包括交通是否便利、资源配置情况和产业的协调发展状况。

施建刚（2003）在《房地产估价方法的拓展》中重点强调了三个方面：①对预测房地产价格有重要影响的模糊数学理论和相关权重确定方法，提出两种具体的应用方式，即模糊综合评判决策应用和快速递减加权式应用并通过阐述"上海海关大楼模糊教学评估案例"，对这一方面进行论证；②分析房地产估价和实际价格之间的误差，建立完善的估价体系减小估价误差；③改进房地产估价方法。

柴强（2004）对不动产评估研究后提出不动产的有用性、稀缺性和需求性是不动产价格形成的基础。蔡兵备（2008）提出使用常用的评估方法（包括市场法、成本法和收益法等）来评估不动产的价格，被评估资产的市场行情或实际收益可由评估价格体现，但因对潜在因素考虑不足，评估价格不能准确反映市场行情而是高或低于市场行情。赵春艳（2019）认为由于我国房地产市场趋于成熟和完善，因此房地产价格参数能够反映出市场近期的供需状况，也能客观反映出市场消费群体的认可程度。随着城市规划的完善，城市化进程不断深入，区域发展方向明确而土地价值将逐步上升，在此基础上通过分析往年地价变化规律，研究地价、时间和影响地价的相关因素三者之间的关系后，提出城市新区地价动态评估模型，使不动产估价理论的发展又进一步。

土地价格由多种因素间接或直接影响，宏观因素包括人口数量、城市化程度、整体教育等，城市基础设施和公共服务配套建设是否完善直接影响城市发展水平，城市化发展水平的提高会吸引更多外来人口务工，人口增多将导致商品房价值升高。完善的公共生活配套设施，让居民享受更便利的生活服务，使土地价值进一步增加。同时，人口增多促进当地商业发展和服务业繁荣，商业和服务业的发展进一步促进居民生活方便快捷。

在分析不动产价格时，并未要求必须分析其属性，但通常都是从社会、经济、自然属性等方面分析影响因素。在选取特征价格变量时，分析不动产自身属性是主要依据。本书将个别因素作为模型中不变参数值，反映在特征价格模型的自变量当中，特征价格变量仅指微观层面影响要素。因此，个别因素在本研究的特征价格模型中的研究分析同不动产估价理论分析在本质上是一致的。在不动产价值理论中，不仅对影响不动产价格的相关因素做了研究分析，还对不同影响因素是如何影响地价进行了系统分析，这些对本书选取变量和建立研究模型具有指导作用。

四、土地增值理论

各影响因素的变化和相互作用是引起土地增值的重要原因，也是影响土地价格变化的原因，影响因素的变化使土地价值增加的经济学现象称为土地增值。土地增值在本质上是外部经济效应作用的结果，政府通过对外部性的投入而使土地增值，但土地增值后的收益如何进行相应的分配，测算和管理土地增值收益就成为一项重要的公共议题，目前，从对土地增值税的征收效果来看并不明显。

近年来，国内外学者增加了对土地经济学的研究，我国学者从不同角度观察对土地增值机制做了系统阐述，但在目前已有的研究中，有关跨江通道开工建设对城市商住用地影响的研究少之又少且存在争议，并不能直接为本书的研究课题提供参考，这就需要推敲深中通道开工建设对商住用地增值影响的逻辑关系。

吕萍（2008）认为土地增值的影响因素与土地价格的影响因素具有同一性，描述土地价格机制的经济模型可分为土地收益价格模型、土地价格空间分异模型、土地因素价格模型三类。邬丽萍（2009）研究指出城市内分布着各种住房、土地、劳动力市场，这些经济市场在整个城市经济体系内相互交错集成一个网状结构，体现出空间聚集性的特征，而促使这种聚集效应的动力是各种经济活动之间的相互影响和作用，这些经济活动都需要土地，可以说任何人类的活动都离不开土地，在土地上进行各种经济活动，在利用各种资源的同时，也促使其他经济体系的建设和发展，土地所有者以租用的方式收取空间联系转化的土地收益。对于空间联系这里，可以将它看作一种特殊的产品或服务，它往往与城市一起共同产生协同作用。所以，空间联系所创造的价值也可以称为"协同价值"。之所以将其称为特殊的产品或服务与创造的经济主体密不可分，由于它的经济主体通常是多元化的，就同时存在产权关系模糊的现状，其在产权归属问题上社会制度更加倾向于以效率为评判标准，将"协同价值"按照效率拆分并将其归为级差地租的范畴。由于城市有其空间聚集特性，城市的发展进程总是随经济发展而变化，这就导致直接投资对于土地会产生价值上的变化，对于其"协同价值"的影响而言是微乎其微的。马克思也曾在《资本论》中阐述土地位置对于其价值的重要性，由此可见"协同价值"对于土地的价值至关重要。

周诚（1994）将土地增值分成三类，用途性增值、供求性增值及投资性增值。投资性增值是指人们直接或间接对某一区域土地投资，从而增加土地的劳动价值量，如在土地周边完善基础配套设施；供求性增值是指因土地供小于求，而导致土地价格上涨，土地由政府完全垄断控制，政府供地少必然导致价格上升；用途性增值是指供求关系不变，改变土地用途使其转变为高收益建设，从而增加土地收益，如很多城市的工业、商业、教育、旅游用地改变土地性质转为商住用地，土地价格基本会翻一倍甚至更多。陈尔康（2020）认为不同用途、不同区位土地增值收益差距较大，住宅用地的增值收益大于商业，商业用地的增值收益远远高于工业用地；在研究土地增值问题时，从劳动价值论角度出发来看，土地增值不是劳动价值的增加而是现实经济生活中土地价格增加的观点。不管哪种说法更贴合实际，对于土地绝对价值和相对价值增加的问题，周诚先生提出的理论都能很好地对两者作出解释。笔者在本书中应用周诚先生的理论，也对这个问题做了进一步阐释，土地价值的增加主要来自土地直接投资，而外部辐射投资的价值才能增加城市土地的绝对价值。

土地直接投资增值和外部投资辐射性增值统称为投资性增值，其本质是增加土地的绝对价值，假设在评价土地价值时，对土地的直接投资增加了土地的使用功能，例如土地开发利用前完善土地周边三通一平条件会使得土地购买者的满意度增加。与土地直接投资类似，外部辐射性投资使土地与周边的附加值增多将促进改善土地区位价值，如果因外部辐射性投资而获得的这部分收益属于购买主题则会增加土地购买者的满意度。

供求性增值是指因主体不同，使土地获得不同评价和土地结构差异而产生的对土地价值的影响，由于个人喜好和观念的不同对土地的开发价值所产生的土地价值有所差异。通常用土地的交易价格来表明土地的价值，相对来说，土地的交易价格能够直接表明供需市场是否资源稀缺以及边际效应的大小，对土地供应量的改变并不是唯一增加土地相对价值的途径。当人们对于土地的预期和主观评价产生变动，即便在没有投资性升值的情况下，土地的相对价值也会发生变化；再者，若某一类型土地的数量发生改变，在此类土地的客观条件不发生任何改变的情况下，供需关系的变化也会引起土地价格的变化。但是只有土地使用价值存在才能用价格衡量，而土地的绝对价值是相对价值变化的依据和准则。彭鐄（2016）提出将重点放在土地供求平衡的讨论上，正视当前供地制度中存在的缺陷；

第二章　土地增值从历史演变到学科贡献

同时，在思想和制度方面进行将创新，使得双方获得土地增值带来的收益。

用途性增值是指在投资金额不变、供求关系稳定的情况下，因土地用途改变提高收益从而使土地增值的形式，是除投资性增值和供求性增值外的改变土地用途的增值方式，没有外界作用只是改变现有土地上可建设建筑物功能性质。土地用途是指在现实条件一定的情况下，土地的使用方式在一定范围内达到最大利用率而获得最大收益的使用方式。由此可知，土地的自身属性和市场需求差异都在一定程度上影响着土地用途，同时，土地投资增加及供求变化都会影响土地用途。因此，我们将用途性增值作为一种既重视主体因素又强调客体因素的特殊增值形式。为解释这一观点，我们可将土地管理和制度作为城市经济要素的一部分，政府通过土地管理来调整土地结构，从而实现整个社会土地使用价值最大化。假设土地用途变化后短时间内不会引起土地利用结构的大范围变化，这种情况下用途性增值的实现关键是在该区位的土地市场经济活动中，土地使用者能否顺利获得其需要的资源及其对所获资源的满意程度。假定改变土地用途后较原来用途可产生更多收益，或者说改变之前的用途并不是最佳用途，则实现土地的用途性增值是完全可能的。但土地所有者或土地利用者对土地用途没有清晰的定位，就不能确定现有用途是否为土地最佳用途，不能准确把握城市土地所在的区域发展动向，那么实现土地项目的用途性增值则具有不确定性。因此，我们可以看出投资性增值促进用途性增值，而实现投资性增值离不开投资者对土地价值的准确研判，而且因土地用途变化导致的土地增值，可能会造成土地利用结构的变化或区域土地价值降低等影响。由于本书对商住用地增值的研究只涉及微观层面，而对宏观层面和中观层面未多加分析，因此本书未考虑不同土地用途是如何影响区域地价的，但对特定土地来说其使用条件是土地性质和用途，而其土地价格的高低由土地自身的经济属性决定。

第三节 国内外研究现状

一、国内研究现状

(一)大型交通基础设施建设地价和房价的影响研究

华文、范黎、吴群(2005)、张洪与金杰(2007)、石忆邵与郭惠宁(2009)认为影响地价的诸多因素中以区位因素尤为显著,通过研究轨道交通影响范围的分析结果发现,高铁站区对住宅价格主要影响范围在 2 km 以内。谷一桢与郑思齐(2010)认为大型交通基础设施建设会优化产业和劳动力、资金等方面的流通,有巨大的正向外部经济,能够产生影响周边房价的时空效应。赵冬琦(2011)通过实证调查探讨了南京长江纬七路过江隧道建设的影响效应,发现周边房价有普遍增长,发现这些房价属于实时性、区域性上涨,促进了区域内房地产行业的发展,也为投资者的选择创造了新的空间。吴巍(2013)以跨江通道开工建设节点为中心,以波浪推移式影响周边区域地价增值效应,同时有部分学者对过境类跨江通道和通勤类跨江通道进行有效的结合比较分析,认为二者对于房地产价格都会产生影响,但是通勤类跨江通道的影响更为显著,溢价效应呈现得更为明显。张华伟(2014)通过对珠海商品房价格在港珠澳大桥建设期间变动的研究,对相关资料进行统计分析发现,珠海房地产市场呈现多元化发展趋势而商住用地需求不断增加。宋伟轩、毛甯与陈培阳(2017)应用地理加权回归技术 GWR(geographically weighted regression)分析城市房地产价格影响空间因子的变化，深入研究房价对各种大型基础建设的影响情况，但大部分只考虑了显著的特征因素之间的对比。王楠等(2018)跨江通道对房地产价格的影响范围可达 3.5~7.0 km。蔡军与岑广锐(2022)认为港珠澳跨海大桥的建设直接影响珠海、香港、澳门的房价波动。

(二)跨江通道开工建设影响区域经济发展研究

国内跨海大桥对特定区域经济的发展和影响较大，邓英达(2009)采用了宏观测量模型对杭州湾海上大桥建设分析，研究了杭州湾海上大桥的建设对宁波地区经济的影响，从而得出的结论就是大桥建设能够推动宁波区域经济发展。周素红与杨文越(2012)认为很多滨江城市为拓展空间，可以以此来提高新经济的增长点，他们都通过学习曾经公布发展战略规划的上海浦东模式，建设桥梁、隧道等一系列跨江通道，大大提高两岸经济的互通和发展。岳小泉、郭建刚与徐锦强(2014)采用了确定的评价体系得出结论，即平潭海峡大桥的建设对当地经济发展和社会效益影响较大，有助于促进经济的发展。

陈向科(2012)研究了有关港珠澳大桥的建设对所处区域物流行业的发展作用，认为港珠澳大桥的建成可以增加中国香港、深圳、珠海、中国澳门、广州等城市的人流量和货物流量，从而推动并提高经济发展，这也缓解了之前码头运力不足的问题，同时也提高了在珠三角的运输地位。吴旗韬(2013)讨论了有关港珠澳大桥的建设对珠江口两岸经济发展的作用,同时,他在文中说明港珠澳大桥的建设提高了珠江西岸地区的优势,这一条件十分利于当地产业的分工,也可以使当地产业转型升级,更好地让珠三角的旅游业得到充分的开发利用。冼超文(2013)对珠海市产业发展、空间布局做出了论述,参考海内外其他产业布局的运作模式和相关政策的研究,调查分析港珠澳大桥建成对整个城市内部产业的影响,并且他在文中提出国家、政府和社会需要利用港珠澳大桥的建设来抓住机遇,更好地推进珠海市产业升级进一步发展。整个理论界对跨海大桥的建设影响地区经济发展的研究文献并不多,在全社会范围内对相关房地产业影响的研究文献也很少。陈章喜(2016)研究了港珠澳大桥的建设对珠江口城市群经济发展的影响,从城市间经济的联系、城市结构发展平衡性和城市群一体化的角度调查研究得出结论,即港珠澳大桥建成对中国香港经济的辐射发挥了重要作用、突出珠江口区位的优势、提升地区物流结构、推动所在地区的产业结构升级,以及提高珠三角城市间的相互发展,由此产生社会经济效益。

大型交通基础设施建设对房地产价格的影响是指在不同时期对周边土地用地结构和开发力度的影响,例如在规划方案出台、开工建设、开通运营阶段影响城市的土地价格和房价上涨程度不同,不同阶段的开发建设的影响空间效应也不同。

(三)跨江通道开工建设对区域土地利用的研究

跨江通道的建设将会改变原有的运输供应、交通网络体系和区位价值,这将对该区域的土地供应和需求以及土地分配结构产生重大影响。薛剑(2007)认为快速发展的城市化、工业化和农业发展的重组将会导致对农业用地的占用增加。吴威(2009)在研究中指出,跨江通道开工建设在不同阶段对区域土地使用变化的影响有所不同。高璟(2013)指出在一定的时期内,跨江通道建设对城市交通使用有一定影响,也对人口流动方式产生影响,对人们的出行产生一系列作用,从轮渡到汽车、地铁等交通工具的转变,这将有助于建立一套交通网络系统,例如城市公路、铁路、轨道交通等。交通通道连接城市各区域从而能很好地更新城市土地利用的方式,从中期和长期来看,跨越式城市增长加快了城市发展,有助于城市、农村和工业的重组,从而加快农村地区的经济增长,让新老城区工业用地分布大转移,盘活城市商住用地的发展建设。周素红与杨文越(2013)认为由于江河两岸存在非均衡发展,大型社区的建设已扩展到新的地区,导致城市住区、就业区和相关的城市功能区分离,江河两岸的土地空间分布的不平衡发展刺激了相关产业的发展。

明立波(2007)认为跨江通道对城市的基础设施连接互通,随着交通纽带的完善,土地利用效率提高。吴威(2009)研究认为,跨江通道建设会产生盲目扩张、无序开发、沿河景观破碎化等负面影响,他提出加强土地规划控制,避免土地资源浪费。吴威(2009)和周素红与杨文越(2013)关于跨江通道开工建设对土地的研究,在研究方法上大多集中在定性描述上。陈林(2010)认为在江河流域城市发展过程中,根据城市发展需要保护区域土地利用,使城市空间通过沿江拓展为跨江发展,城市发展空间向新区域扩散,避免城市过度集中造成的衰退。王亚坤(2011)、吴巍(2013)在定量研究中将Sleuth元胞自动化模型与遥感技术资料结合得出土地使用现状图,并对研究区域的空间规划和经营规划图做模拟和预测分析,通过将现有各类土地面积结构与模型的预测结果比较研究,总结得出各地类面积结构的规律和趋势变化,从而反映生态价值因跨江通道建设带来的变化。吴巍(2011)发现跨江通道的基础设施建设有"牵引效应"和城市区域的"倍增效应",特别是在大通道两侧和城市边缘的建设用地上这种效应会迅速发展起来。周素红(2013)研究跨江通道建设对区域土地利用带来的优缺点,认为跨江通道建设能够影响城市经济发展,从而使城市空间面积和规模得到扩大,通过跨江通道的建设对江河两岸相对发达的城市中心区扩大化成功解决城区土地未能充分利用的问题。王静(2009)、任建国(2015)、陈斌(2015)、冯永玖(2010)研究考察了空间格局和结构变化对城市江河流域沿线地区土地利用格局发展的影响。现在还缺乏对跨江通道与附近土地使用情况的变化是否存在相互影响的定量分析的研究,尚未建立起土地利用变化与河流穿越通道的直接联系,规划往往忽略了交通基础设施建设对土地利用变化的作用。

(四)城市土地增值的特点

蒋光伟(1997)认为城市土地增值有以下6点:①共存性,是土地使用价值和附加值的共存,而这一点在一般商品中并不是同时实现的,而在土地使用过程中常常丧失,对于城市土地价值却会不断增加;②主动性,土地一旦得到土地所有人或土地使用者的资金投入,这块土地的价值就相应得到提高,也就是土地增值,土地增值无时间要求,加大对所持有土地的资金投入和土地的资本负担来实现这一点,从而让土地的资本量增加,土地就可实现增值;③被动性，又称一般的外部辐射投资，由于周围地区的基础配套设施和环境的不同，土地的价格可能会发生变化，通过外部辐射，土地即使不存在丝毫改变，价值也得到提高；④长期性，现在土地分配明显不足、对土地的投资要求也相应提高，未来土地的价值可能会继续攀升，即土地总体会呈现一个上涨的趋势，也就是说，土地的增值在不断增加，土地价格的上涨具有长期性和单向性；⑤整体性，房地产市场的运作与城市土地存在相关性，主要表现在城市土地的附加值通过相应的房地产市场体现，这主要反映在一个城市土地总价格的上涨方面，同时，土地价格上涨并不一定意味着其所在地区的总价格上升，城市土地由每一块分布在城市不同区域的土地构成，评估城市所有土地的附加值不等于对城市内的每一块土地评价；⑥独立性，土地的附加值以相对独立的土地为基础的住房，不受建筑物的退化而影响其使用价值，土地的附加值往往与经济和社会的发展阶段有关。

(五)城市土地增值的形成原因

蒋光伟(1997)、王文革(2006)、陈征(1995)认为土地价格等于土地的租用价格，即地租与利率的比值，有研究者认为土地的价值只与地租和利率相关，而不受资本化地租产生的土地价格影响，即土地价格只受地租和利率影响，不受当时购买时的土地价格影响，地租和利率为土地增值的重要的原因。

(1)地租对土地增值产生的作用。目前主要是有两种方式可以实现，蒋光伟(1997)认为土地增值，一是人工增值，二是自然增值。人工增值指的是土地使用者在使用土地期间，为了实现土地价值的最大化，不断对土地进行投资和改造，实现土地增值。陈志刚(2002)认为城市发展过程中经济在不断进步和其他客观存在因素导致的土地增值称为自然增值，自然增值也叫作公共增值，主要包括：①土地的使用情况发生变化导致土地增值；②利用多样的出让土地举措，达到土地增值目的；③政府加大对城市公共设施资金投入导致土地增值；④经济发展和人口增长，使得地价、房价持续上涨；⑤本区域内土地因为其中一片土地被开发，继而对其他地块产生影响导致土地增值；⑥通过一些司法行政措施使土地增值。陈征(1995)认为土地经营者利用投入资金和人力将所拥有的既定范围内的土地进行物质和技术改造，使其应用状况发生变化，从而将其发展为具备特定用途、更高价值及稀缺性的土地，从而达到土地增值的目的。

(2)周诚(1994)认为利息率降低速度不快但持续时间长，所以利息率降低与地价上涨作用在短期内并不明显，地租是使土地在此期间增值的重要原因。陈志刚(2002)认为利率的波动可对土地增值直接产生影响：随着社会的不断进步，房地产的销售利润率持续降低，而资本有机构成则会持续上升，这是马克思主义的经济学理论。因为土地市场受利润率和利息率的影响，当市场利润率开始降低时，利息率随之降低。马克思主义的利息率理论与实际情况有区别，实际情况的利息率不受通货膨胀影响，与理论利润率下降导致利息率下降相反，实际利息率会略为上升。

(六)城市土地增值的种类

武晋一(2005)、王文革(2006)认为城市土地增值一般可以分为供求性、投资性、用途性、交易性、政策性和技术性增值6类：①交易性增值，交易性增值一般是由政府组织，利用土地招拍挂方式将土地出让给个人或开发企业，价格一般会随出让方式和交易者的不同存在差异；②政策性增值，政策性交易增值是伴随国家、地方政府出台的相关政策变化的，在相应政策法规前提下土地价值得到提高；③技术性增值，技术性增值是指随着劳动生产率和社会经济增长、总生产数量增加而变化，由此造成机会成本上升，利润率上升导致的土地价值上涨；④供求性增值，土地资源有限性与人口增长过快导致的土地需求上升，相对需求增加的矛盾日益增长而造成土地价格上升；⑤投资性增值，是土地持有者对土地升级改造投入资金而使土地的价值提高，这种增值是土地资本化的结果；⑥用途性增值，建立在利用供求性和投资性增值方式的基础之上，土地的使用性质发生改变，利用土地性质改变创造更高收益，从而使土地增值。

（七）城市土地价格的影响因素

国内学者通过定量和定性分析研究影响城市土地价格的相关因素，其中，定性分析研究结果阐述影响因素分为三个层次：宏观、中观和微观层次（周诚，1994）。由于土地本身的条件各不相同，影响城市土地价格的因素也会不同。李斌（2000）抽样武汉市23个居民区的微观因素对商住用地价格的影响，并指出这些区域环境条件、交通是否便捷等因素影响着商住用地的价值。叶霞飞与蔡蔚等（2002）根据上海地铁一号线2 km内外住宅用地价格差异结果，得出城市土地价格受到交通基础设施建设影响。

二、国外研究现状

(一)大型交通基础设施建设对房地产和经济的影响研究

自 20 世纪 70 年代开始,就不断涌现出很多国外学者研究大通道的建设对房价、地价、民众其生活的影响。Donald(1976)曾经调查多伦多城市在进行地铁建设时,得知地铁建设对沿线的房价有积极的影响这一结论,而且还得出对地铁站附近的房价影响最大。Knapp(2001)和崔世华(2011)认为大型交通基础设施具有分市场效应,在不同地方对周围的房价和地价影响的方式与程度并不相同,通过大量的研究和调查发现,跨海通道中最简便快捷的效果就是把两个不毗邻的地区建立交通枢纽联系,并且在商业、教育、文化、经济等方面产生相邻效应。Chad(2001)认为每一条新建设的铁路路线都会让美国中西部农村地区的土地大幅度增值,同时还可以知道每个人在交通上省下来的费用,交通费用的整体下降可以让铁路沿线地价大幅度增长。David(2001)多数的研究表明大通道的建设对价格有积极作用,任何事物都有利弊影响,但同时也有少数的研究告诉了我们不同的结论。Gerrit、Ding 和 Lewis(2001)等以俄勒冈州华盛顿县的地形地貌为例,研究轻轨建设的网络部署对所处站点周围土地价格的作用,研究结论为距离车站 800 m 内的地价将上升 31%,1 600 m 的范围内的地价上涨 80%,同时提出在轻轨站点周边的地区需要应用高密度交通导向式的模式。Fazal(2001)认为跨江通道的建设能改变周边市场和产业布局,同时还能吸引江河两岸的基础设施建设的资金投入,从而提高该区域的基础配套设施的建设力度。Skjott，Paulsson 和 Wandel(2003)等分析厄勒海峡跨海大桥开通后能否让这个地区成为中心枢纽，预估了在人力流动、物流运输、区域空间经济发展等方面可能遇到的障碍。Matthiessen(2004)认为世界上跨海航运往往是与将两个区域联系在一起的，但是只有经济发达的两个区域才有必要建设跨海通道，在不发达地区之间建立交通通道在经济上是不可行的。Christopher 和 David(2007)在模型应用中发现铁路建设及开通对美国密西西比河往西的平原地区农用地价值影响可以达到 20% 以上。Knudsen 和 Rich(2013)对厄勒海峡跨海大桥通车前后所获收益进行了分析研究，可以知道其对航空、边境的负面影响较小，给巨大的劳动市场带来人口流动的方便，同时也促进了厄勒海峡跨海大桥两旁的城市经济发展。Hewit(2012)认为房价与交通配套设施的影响关系并不是固定的关系，交通基础设施齐全对周边房价带来价值的上涨变得模糊，但 GWR 模型能以房地产价格来分解交通可用性所产生的空间差异性。Thomas 和 Donoghue(2004)评估了英吉利海峡隧道对英法边境地区运输结构的影响，他们认为英吉利海峡的跨海运输并没有达到预期的目标，主要是由于这些国家之间存在语言障碍，并且边境地区还没有形成一体化的劳务市场。Jacobo(2013)认为建设大型交通基础设施对促进经济发展和区域一体化具有重要意义，然而这也只是从统计学、经济学、地理学角度来分析判断的。从社会学的角度来看，交通基础设施建设对居民或公民社会身份认可也有一定的影响。像厄勒大桥连通了哥本哈根和马尔默地区，它就被统称为厄勒地区，可是在那里的居民们都不承认自己是厄勒地区的人，他们仍然用哥本哈根或马尔默人来自称。Zondaga、Bokb 和 Karst(2015)认为跨江通道的建设改变了土地利用的现状和租赁空间变化,重新规划了城市住宅用地、工业用地和其他用不同土地用途的空间布局,改变了土地的利用状况。跨江通道的建设是交通系统不可缺少的一部分,但仍缺乏其与城市土地的利用的长期规划。

K. R. Ihlanfeldt(2004)建立的简单一致性模型在城市经济学中起到了关键的作用,也在探索道路上完成了对主流新古典经济学的重要补充,主要包括成本增加对房地产价值的影响,结论是成本增加导致房地产价值上升的影响。Nelson(1994)认为城市中心的拥挤对次级中心区域的增加产生推动作用,从而达到减少 CBD 在商业用地方面的需求,从而让 CBD 周围区域价值降低。Z. Y. Yin(2005)认为 19 世纪美国人民都倾向于到 CBD 商务区或市中心工作,在 20 世纪尤其是 50 年代,芝加哥这个典型的单一城市最明显,人们对土地价值空间特征的研究主要是基于可达性和居住区位选择,其显著的成效建立了空间均衡以及竞租理论,这个理论在之后广为流传,也是相关研究的经典模型。即使该单中心的城市模型离实际情况有所差距,但它成为城市经济学理论的关键也给研究者提供了强有力的数学方面的支撑。Berliant、Stephan(2006)对地区价值空间、群众购买力及土地市场的特征进行考察研究分析,把土地划分成两种具有价值的空间类型:①城市规模的扩大和对土地价值的作用;②由于城市规模的扩大造成中心区域拥挤导致了价值梯度的平缓。

(二)土地增值的影响因素研究

John、Subhrajit 和 Zhang(1994)认为地方政府在社会财产价值扩大和增长方面起着关键的影响作用，比如利用管理制度和使用财产税来建设地方公共服务设施的制度，实际上很合理，这是因为税金征收实际上是回收财产价值的部分增值，也是为政府支持基础设施建设和社区服务建设做投资。Wu 和 Plantinga(2003)研究了在信息化时代背景下的企业特点、从事金融活动的形式和城市交通体系网络化的发展方向，于是就有人提出新概念，城市空间的"新工业空间"以及"流的形式"，它们都为城市土地增值研究提供了方向。Freeman(2003)在美国伯克利大学区域与城市规划研究所，对 20 世纪 90 年代在墨西哥、曼谷及上海等城市依靠企业引导造成爆发式都市区增长的现象开展了考察研究。结论得知减少了投资后，致使巴黎、马德里、墨西哥等城市地产价值降低，曼谷等城市房地产泡沫遭受亚洲金融危机的打击后破灭和马德里等城市房地产价格出现暴涨等问题，在信息全球化的时代背景下，需要解决这些城市用地发展、城市化进程、城市增长等问题。Glaeser(2006)认为 21 世纪以来土地增值问题的重点不再是城区和郊区的问题，甚至也不再是土地利用问题，这是由于土地增值问题的合理性及基本原理的范围早已超出了土地利用问题。土地增值原理可以使用的范围十分宽广，在日常生活中，在经济增长和社会发展中，不仅可以运用在人口问题、城市拥堵及环境问题上，还可以运用在全球的经济增长以及有效利用土地资源问题上。H. Long(2007)提出土地利用者的投资贡献行为或许可以对社会产生积极的发展影响，毕竟提高土地价值取决于社会发展程度，同样能够影响城市人民的生活方式。例如，开发商为达到提升土地价值的目的，可利用制约、限制及契约等类似活动,通过营销或研究类似的技术手段让其他人来进行投资。

Malczewski(2004)认为20世纪90年代以来,以GIS(geographic information system)为代表的数学分析及地理信息技术开始关注城市土地增值的研究,以系统动力学为模板,研究人员开始构建空间成长动力学模型及土地利用的动态模型。T.Prato(2007)的研究表明随着社会的进步和发展,国外利用网络技术结合GIS、GPS(global positioning system)及RS(remote sensing)技术对土地管理、土地估价及城市用地空间预测开展考察与研究,这一技术很快在生活以及生产等各个范畴内得到了普遍的运用。受土地增值理论和定量评估方法的限制,研究人员希望可以利用3S[3S技术是遥感技术(RS)、地理信息系统(GIS)和全球定位系统(GPS)的统称]、网络技术及通信技术等类似的现代高科技对城市土地增值问题展开全方位的研究。

(三)土地价格的影响因素研究

许多学者对城市土地价格产生影响的因素进行了分类:分别为地域因素和个别因素,宏观因素和微观因素,特殊因素和一般因素,需求因素和供应因素等。在这些分类方法中,微观因素及宏观因素运用比较普遍。宏观要素表示城市土地价格的变化具有共同性、一般性及普遍性的影响要素,从而可以更好地确定城市间地价水平的区别。而微观因素是在某段时间内土地价格变化所具有个别性及特殊性的影响因素,而这类因素通常情况下都是城市土地价格产生差异的原因。

1. 宏观经济因素对城市土地定价政策的作用

西方学者之所以将自身对土地价格关注的焦点定在政策对城市土地价格影响、宏观经济因素对城市土地定价政策的作用上,是因为他们研究的城市土地市场较完善、城市化率高,他们相对来说能够容易得到更多的研究资料,以至于他们方便运用实证研究的方法。

Anil 和 Stephan(2001)对于城市土地价格的影响作用展开了深入研究,这些学者利用微观经济学中的剖析手段,对影响城市土地价格的政策进行分析。例如,实行限制城市增长控制、土地开发总量限制及限制住宅屋顶的高度等相关政策,同时也可以通过减少土地供给来提升土地价格。外国房地产研究机构在政府和部分基金扶持下,将关注点放在城市土地价格问题上,综合土地市场效率、城市土地价格同政策关系等方面展开全面研究。其中,土地利用计划、城市增长及城市规划的把控与税收相结合,对城市土地价格产生影响的相关研究较多。Green(2002)认为土地利用为达到提升价格的目的,可以利用城市规划控制减少土地供给,美国威斯康星州瓦克萨县(Waukesha County)的相关材料证明利用规划控制可以提高城市的土地价格。Bruseckner(2003)建立了非正式动力学模型(no formal dynamic model),开展对城市增长控制政策的考察研究,其论证的方向是该政策对城市房产价格所产生的影响是积极的:①城市增长控制政策能够大范围提高城市土地价格;②城市增长控制政策对农田转变为非农田的进程造成了一定的负面影响。

2. 微观因素对城市土地价格产生的影响

关于微观经济因素对城市土地价格的影响,微观经济因素对城市土地价格的影响,外国学者倾向于将重点放在三个主要因素上:地区、邻里及个别。地区因素也称作区位因素,以城市交通为主,长久以来都是西方学者所考察的重点。邻里因素是影响居住区附近土地价格的一些因素,比如外部因素、政府或地方提供的服务,或者是社会经济变量等。个别因素表示土地自身的改变对土地价格造成一定的影响,比如土地容积率、自然条件及土地面积等。

(1)个别因素。建筑因素是对城市地价产生影响的单个微观因素(如房间数、浴室数、有效居住面积、车库面积等)(Fletcher et al.,2000;Linneman,2001;Carroll et al.,2002),住房的特点和建筑质量因素也与土地价格的个别因素有很大关系,所以土地的价格往往不是单独的,它往往与建筑因素密切相关。房屋建筑面积与土地价格正相关,即消费者愿意为更大的建筑空间付出更多。Forrest,Glen 和 Ward(2002)认为车库、地下室及地块面积会对房价的上升产生推动作用,由于建筑个别因素的增多,房价也会随之上升。Michaels 和 Smith(2003)研究认为庭院、空调及壁炉等建筑因素都与房价有着密不可分的联系。根据研究结果所示,这些房产特征与房价高度相关,每增加一个车库将使房价上涨6.9%。如果加上两个车库,房价将上涨20.7%,如果每套房子增加一套中央供暖系统,价格将上升6.6%。

(2)邻里因素。Mcdonald 和 Osuji(2001)认为轻轨站附近的土地价格高于其他地方。Evans 和 Rayburn(2000)认为公立学校好的地区地价更高。Kohlhase(2000)通过相关研究论证得出有毒污染物堆放场实际上会影响附近土地价格,研究表明:距有毒污染物堆放场9.976km以外对土壤价格的影响不显著,但在距有污染物9.976km的范围里,每靠近有毒污染物堆放场区域内1英里(1英里=1.609千米)城市土地价格将会下降约220美元/亩(1亩=666.67平方米)。

(3)区位因素。区位因子主要包含三种:城市中心影响率(通常由距离城市中心指数表示)、城市交通因子和城市地形因子。Guidry、Shilling和Sirmans(1999)展开考察,研究与CBD市中心距离对土地项目价格的影响程度,城市中心区的影响因素通常用"地块到CBD城市的距离"来衡量,也可以用出行时间、出行成本、实用性和不同交通的可达性来衡量,离市中心的远近对城市地价产生正向作用。David和Keith(2001)发现地铁和城市交通设施对居住区的土地价格具有很大影响和作用,他们的研究结果表明:①交通便利因素能够使城市地价上升;②交通便利因素可以从两个方面影响城市地价,一是提高交通的舒适性来提升城市地价,二是交通不便利会造成交通拥挤和高犯罪率。因此,像这样的作用会抵消一些便捷性所导致的正面影响。

第四节 本章小节

首先，对地租和地价的关系做了阐述，土地在出让期间随着时间的变化，地价也是变动的；根据商住用地的价格形成机制分析了需求价格和供给价格，同时也描述了商住用地的价格与价值之间的关系，对土地增值特点、形成原因、种类、土地价格影响因素做了总结；只有在土地出让时，土地价格和价值之间才能遵循一般商品的价值规律；根据商住用地增值的特点对增值过程和周期做了全面的诠释。

其次，①根据竞租理论得知空间与距离因素变化会引起价格变化，交通基础设施建设对房地产产业的影响很明显，可达性高的区域房价和地价必然会上涨；随着周边区域交通基础设施的完善，政府收益也相应提高。②区位选择是房地产开发过程中的重中之重，房地产开发商和购房者的区位选择偏好具有一致性。③目前市场上比较常用的估价方法为市场法、成本法、收益法，但是估价随时间、政策等因素的变化而变化。④土地增值在本质上是外部经济效应作用的结果，增值的原因主要有投资性增值、供求性、用途性增值。

再次，Hedonic 模型是处理同质产品差异特征价格关系间经常采用的模型，在模型函数选择上主要在其他学者的理论模型基础上用了半对数线性形式和对数形式，采用此模型主要是为研究数据中的解释变量影响土地增值程度；再用空间计量模型来补充 Hedonic 模型未分析到的价格迁移和集聚过程等，空间计量模型采用了空间自回归、空间误差、空间杜宾模型，主要是对空间距离、时间序列、价格迁移等效应做了实证分析研究，本书主要采用此模型来说明区域地价上涨过程中的集聚和溢出效应。

最后，在国内外研究文献中可以发现，跨江通道开工建设对商住用地增值的研究文献基本很少，大多文献是轨道交通、地铁建设对土地的增值或利用。在国内外研究成果中发现大型交通基础设施建设对房地产和经济的影响有积极的促进作用，对房价和地价有正向促进作用，但也有部分研究得出了不同的结论，这说明大通道建设对土地增值存在分市场效应。

第三章　地产市场影响因素与模型建立

为了能够定量分析中山市商住用地的增值过程与影响因素，本书采用 Hedonic 模型和空间计量模型来探讨深中通道开工建设对中山市招拍挂商住土地的地价与各镇区房价的影响。以中山市 2011—2022 年 275 块商住用地项目招拍挂楼面地价和 2011—2022 年 24 个镇街商品房成交年度均价来作为样本数据，选取深中通道开工建设、地块、社会、环境、经济等影响因素对楼面地价和年度商品房均价增值做研究分析。

第一节　研究范围与资料来源

本书以广东省中山市 18 个乡镇、6 个街道为研究区域，如表 3-1 所示。

表 3-1 研究区域

乡镇	街道
坦洲镇、南头镇、古镇、大涌镇、民众镇、三乡镇、黄圃镇、阜沙镇、东升镇、横栏镇、东凤镇、三角镇、南朗镇、神湾镇、小榄镇、板芙镇、沙溪镇、港口镇	中山火炬开发区、南区街道、石岐街道、西区街道、五桂山街道、东区街道

中山市随着经济快速增长,不断推进开放型经济,城市化进程不断推进的同时经济也取得了快速发展。深中通道开工建设使得中山市商住用地价格发生巨大变化,中山市商住用地价格中心区位呈现新态势,土地价格的空间布局也不再是以前的单中心布局。最明显的是深中通道开工前后中山市商住用地价格涨幅情况,从 2014—2018 年商住用地拍卖成交情况来看:①2014 年土地成交面积为 200.46 万 m^2,成交楼面均价为 1 222.70 元/m^2;2015 年土地成交面积为 134.83 万 m^2,成交楼面均价为1 563.00元/m^2;2016 年土地成交面积为 94.43 万 m^2,成交楼面均价为3 800.00元/m^2;2017 年土地成交面积为 183.89 万 m^2,成交楼面均价为6 720.00元/m^2。②2015 年度单块商住用地项目最高楼面单价为 3 800元/m^2,2016 年最高为6 000元/m^2,2017 年最高为13 564元/m^2,2018 年最高为13 441元/m^2。此外,伴随港珠澳大桥开通和深中通道开工建设,使交通便利性不断提高,助推了中山市很多区域地价快速上涨。(数据来源:房天下公众号 2019 年 1 月 9 日)

第三章　地产市场影响因素与模型建立

第二节　商住用地增值的影响因素

商住用地土地价值的变化在不同阶段和过程都不同，在不同阶段导致土地增值的影响因素和幅度也不相同。本书主要在特定的时间段内选取深中通道开工建设因素、地块、社会、环境和经济因素，研究其对商住用地增值的影响。

一、深中通道开工建设因素

深中通道建设被确立为现代化交通运输体系的基础性项目，也是世界级工程，总长24 km，将"桥、岛、隧、地下互通"集为一体，是贯通深圳和中山两个城市的重要交通纽带。深中通道建设不仅缩短了深圳和中山两地空间距离，加强了两地在经济、物流等领域的合作力度，也为两地经济健康持续发展和民生改善提供了条件，同时也为粤港澳大湾区的产业转移升级发展奠定了基础。深中通道建设能实现深圳、中山半小时生活圈，为人们的出行提供了极大便利，并有效缓解了虎门大桥的拥堵状况，在连接珠三角两岸中发挥着重要的作用。

根据中山乐居公众号2019年1月25日发布的资料显示在中山市房地产商品房投资的购房者中的来自深圳的购房人数占42.9%，在购房比例中供自己养老的人数占总购房人数的29.7%，而愿意购买中山市房产用于自住的人数占20.9%，此外，意愿购买中山市房屋为父母养老的人数占总数的6.6%。在这些愿意在中山市购房的人群中，有35.7%的购房者是因为中山市的生活节奏慢、生活成本相对较低，有39.6%的购房者则是因为中山市的房价较低有投资升值的空间。在深中通道开工建设之前，深圳前海片区商品房均价约为42 000元/m²，与深圳前海仅一江之隔的中山市2016年网签商品房年度均价为7 176元/m²，约是深圳前海片区房价的17%。中山市房价从2008年到2017年商品房均价基本在6 000元/m²左右，保持近10年来基本没有变化，素来以"珠三角城市房地产市场价格洼地"著称。

吴巍等（2013）认为跨江通道开工建设影响房价范围辐射更广，对住宅地价的影响半径达3.5～7 km。许多针对房地产市场活跃城市的研究均表明，大型交通基础设施建设是在众多影响因素中对土地增值较为关键的驱动因素，且大型交通基础设施邻近性对住房价格表现出了明显的空间异质性。张华伟等（2013）认为港珠澳大桥的建设让整个珠海市的交通工具变得更方便快捷，与此同时也方便港澳各地的同胞来珠海居住，港澳人士有些是投资购房、有些是选择养老购房，尤其是澳门的购房者很多选择在珠海置业。而产生这一现象的原因是港珠澳大桥的建成让人们在港澳之间的往返变得便利，同时，珠海作为港珠澳大桥的中间枢纽，让更多的人产生在珠海居住的想法。再加上珠海拥有良好的居住条件，又是滨海城市，而且港澳人士一般都具有很强的购买力，因此，海景房项目和高质量的住房就是购房首选。郭欢欢、林坚和孙芬（2017）认为跨江通道开工建设的影响范围演变依次为点状辐射、线状辐射、环状辐射、跨江通道开工建设初期的影响主要以节点为中心辐射一定范围；跨江通道开工建设建成以后沿主干道向纵深发展；当多个跨江通道开工建设通车，便形成环状路网，辐射范围也更大。

本书对深中通道开工建设前和开工建设后两个变量进行分析，因为在开工前后对土地增值的影响作用截然不同。深中通道在中山范围内有4条延长线出口，延长线出口区域也是比较方便进出深中通道的区域，在这个区域房价和地价的涨幅也最显著，深中通道开工建设前后与是否存在延长线出口的交互项可作为其中的衡量指标。

(一)翠亨快线延长线黎村出口

深中通道翠亨快线途经中山市环茂路、环茂三路、沿江东路，顺着沿江东路就可以到达深中通道大桥的中山引桥处马鞍岛。在环茂路可从逸仙路或港义南路转向博爱路、博爱七路，再进入翠亨快线。中山市翠亨快线东起翠亨新区，西部与博爱路相通，中部向南转向岭南路或者228国道可以直达南朗。

黎村所在地为中山火炬开发区，3 km的路程就可以到达太阳城购物中心(火炬开发区中心)，因此选择黎村作为深中翠亨快线第1出口。

(二)博爱路延长线出口

博爱路出口是深中通道建设第2个延长线出口，在翠亨快线隧道博爱路出口与城区方向的博爱路下沉隧道相交处。

(三)城轨中山站延长线出口

第3个出口规划在广珠城际轻轨中山站旁，直接与城轨中山站接驳，出口处东面与火炬开发区相邻，同时连接中山市东区街道区域。中山市规划建设的中山城轨 2 号线从小榄镇直接到达马鞍岛，城轨 2 号线又与正在建设中的中开高速线路方向基本一致，横穿整个中山市区。

(四) 港口镇深罗高速中山北高速出口延长线

港口站是深中通道第 4 个出口，在港口镇保利国际广场北侧、广澳高速 G4 中江高速立交桥旁，与港口新隆立交桥互通。出口位于中山北高速出口，即中江高速（现更名为深罗高速）出口。

二、地块因素

土地权属内的地块属性、条件及特点称为地块因素，因为这种地块又叫作土地，因此又称为土地因素。同时，地块因素研究的是均质区域内的一个地块的情况，也可以说成是个别因素，它体现了均质区域内的地块差异性。

地块的影响因素有容积率、绿化面积、建筑密度、地块形状大小、地块是否被道路分割开、地块内是否有鱼塘或湖泊、地块上建筑限制高度、坡度、地质条件、土地临街状况、土地规划限制及土地出让期限等。上述各种因素在土地不同的使用方式中产生的影响也不同。具体而言，地块绿化面积、容积率、环境状况、建筑密度、规划限制等是居住用地选址首要考虑的因素；地块是否方正、容积率、建筑密度及绿化率是主要影响商住用地增值的因素。

(一) 用地面积

用地面积是经城市规划行政主管部门批准，取得用地规划许可后国土资源行政主管部门测量确定的建设用地面积,用地面积的大小直接影响总地价,用地面积里面包括净用地面积和道路红线退让后、无偿建设绿地后移交政府的面积。Jacqueline(2002)在研究马里兰州地价时,得出住宅总价格和地块面积成正比的结论,后者增加1%,前者将增加0.081%。

(二)容积率

容积率表示单位土地面积上建筑物的面积,容积率的高低是城市控制性规划的重要部分。在土地面积有限的情况下,提高城市用地的容积率可以增加建筑物的面积,充分发挥土地的使用价值。但与此同时,容积率并不能无限制增加,要考虑建房成本以及房屋安全性等,容积率和建筑密度相互关联,容积率高建筑密度就高,容积率高的土地就直接影响居住的舒适性,由于政府对不同片区控制容积率和修建性详细规划有具体上限要求,所以容积率和土地增值直接关系不大,但是与总地价有直接关系。Gabriel、Ahlfeldt和Maenning(2010)在研究德国柏林地价时发现,土地均价与地块容积率成正比,容积率增加1,地价平均增加24.1%。

(三)建筑密度

建筑基底面积总和与占土地面积总和的比例称为建筑密度。例如,开发商使用5 000 m²的土地建设房屋,建筑底基底面积为1 000 m²,建筑密度的计算公式为1 000/5 000=20%。通常情况下,建筑密度一般在35%左右,其他空余土地要用于建设其他生活配套设施,像社区绿化花园、景观走廊、停车场、水景花池等。

(四)绿化率

绿化率是指绿化用地面积与总用地面积之比，而与之相近的绿化覆盖率是指绿化垂直投影面积之和与总用地面积的比率，这是两个不同的概念。

(五)地块是否方正

地块是否方正是指招拍挂出让地块的形状，有些地块被市政道路分割或极不规则的地块在本书中被称为不方正，不方正的地块会给设计和施工造成很大的影响，分割成多个地块或地块很窄、凸角等就会导致红线退让面积增加，地块的净用地面积就会减少。地块的不方正直接会影响土地的开发使用价值，土地若是一个整体比较方正就给设计和施工带来很多便利。Guidry、Shilling 和 C. F. Sirmans(1999)调查了城市土地地形对于城市地价所产生的影响，根据结果可知，土地使用规划以及地形因子对城市地价所产生的作用一样，城市土地地形方正可以减少投资，从而达到增加地价的目的。

三、社会因素

住房是满足人们生活需求和起居的基本保障，对人类的生存发展至关重要。当前经济迅速发展，人们的基本生活需求可以得到基本满足，更多的人开始追求生活质量，而居住环境和舒适性就是与生活质量直接相关的重要因素。这就导致商住用地使用价值的重要程度不断提升。商住用地的使用价值由多种因素决定，具体而言有以下几种：教育、医疗等，如表 3-2 所示。

第三章 地产市场影响因素与模型建立

表 3-2 影响商住用地使用价值增值的主要因素

主要因素	建立主体	所在过程	所属周期
教育	政府、开发商	城市规划	Ⅰ、Ⅲ
医疗	政府、开发商	城市规划	Ⅰ、Ⅲ

(一) 教育

教育是提高整体国民素质的基本途径，也是实现国家长期发展，提高国家创造创新能力的重要举措，对当前经济社会的发展至关重要。商住用地的人文价值受到教育的正向推动，住宅社区良好的教育配套设施，比如有省重点的幼儿园、小学、中学可以提高商住用地的价值，同时也助推了土地拍卖的价格。市重点和普通的幼儿园、小学、中学次之。为了让孩子有个理想的学习环境，不少购房者在买房时首先考虑的是孩子的教育问题，不惜花重金买房以方便孩子就近上优质的学校。由此可见，很多学区房、学位房价格高也是有原因的。

住宅与学校的距离及周边学校的教育水平是居民购房时须慎重考虑的问题，人口密度与当地教育资源呈正相关，住宅社区与学校距离呈正相关。教育是提高人口素质的重要途径，若社区居民普遍高素质，邻里相处融洽，整个住宅区氛围和谐，住宅土地的价值就会升高，同时，教育水平越高，就业率也会相应上升，一个城市能成为教育中心往往意味着也是人才中心，用人机构选址时通常优先选择教育中心城市，教育中心城相对其他区域的住宅价值也会有提高。

(二)医疗

完善的医疗配套设施对于有小孩和老人的家庭来说十分重要，社区周围完善的医疗配套将是购房者考虑的其中一个因素，但是距离医院的远近程度直接影响购房者的购买意愿，在广东购房文化风俗里面离医院越近的楼盘反而不好卖，而对外省购房者影响不大。

四、环境因素

环境状况不仅关乎人们当前的身体健康，同时也关系到人类社会的未来发展情况。当今，人们对于生态环境的理解逐渐加深，越来越重视居住生态环境。人们购买住房同样会考虑到住宅周边的环境状况，例如，有没有公园、是否有污染源、是否靠近湖泊、河流有没有噪声与垃圾站等。好的环境状况与住房价格通常正向相关。这些影响房价的环境状况因素与购房者的满意程度相关，因此会影响到土地的环境价值。具体包括是否靠近河流、湖泊，土地与垃圾站的距离，周边是否有公园等，如表3-3所示。

表3-3 影响商住用地环境价值的主要因素

主要因素	建立主体	所在过程	所在周期
垃圾站、公园	政府、开发商	出让环节	Ⅰ、Ⅲ
河流、湖泊	政府	出让环节	Ⅰ

(一)河流、湖泊

在河流、湖泊附近的楼盘价格相对会高一点，河流、湖泊对周边的土地地价也是有影响的，很多一线江景、湖景盘有宽阔的视野,房价自然会提高。优质的自然环境对土地价格还是有一定的影响。王亚坤(2011)分析了土地建设的扩展程度和跨江通道建设对生态景观格局的影响,并将研究得到的预期结果和区域等级现状结构进行比较分析,另外还分析了生态价值是否受河流变迁影响。

(二)垃圾站

垃圾站是指存放或者回收垃圾的场所,是社区、厂区等生活区、居民、房屋建设产生的垃圾中转站。主要用于临时堆放垃圾,然后定期转运到大型垃圾处理站或者垃圾填埋场。陈智清(2007)提出当前人类社会所面临的一个重要问题就是垃圾处理,大量有害垃圾的堆积或者无处理填埋,不仅会污染土壤,还会污染水源,造成重大的再处理损失或者是健康损失,打破生态环境的和谐稳定,因此,商住用地的环境价值与垃圾处理效率同样密切相关。Ketkar(2002)从新泽西州所提供的相关材料显示,此研究选取邻近商店、学校及人口密集地区等因素作为自变量,建立线性对冲模型研究存在多重风险的垃圾站对价格产生的影响,结论显示垃圾站的搬迁可以提高区域的土地价格,搬迁后的城市土地价格比搬迁之前高出2%。

(三)公园

公园是居住环境提升的附加值体现,也是社区业主休闲、散步的好地方,有些公园是由政府建造的,有些楼盘开发商为了提升社区的质量也会建造公园。周聪惠(2015)认为公园的建设能给城市环境和休闲带来巨大价值,但难以被量化,对土地的增值作用的表现也比较隐晦,目前人们对这种影响仅仅停留在感性认识阶段。

五、经济因素

(一)资源价值影响因素

在土地资源的有限性与住房需求无限性并存的情况下,占用土地资源不断增加,而土地资源由于其不可再生性决定了土地供给不断减少,这就造成了地价和房价上升。如表 3-4 所示,旧村、旧城镇、旧厂房改造、人口规模增加、政府相关政策、改善型住房的需求等都会对土地市场上的供求情况造成影响,从而影响到土地资源价值。

表 3-4 影响商住用地资源价值的主要因素

主要因素	建立主体	所在过程	所在周期
土地供给	政府	城市规划	Ⅰ、Ⅲ
人口规模	政府、住户	城市规划	Ⅰ

1. 土地供给

一方面,土地资源是有限的;另一方面,土地供给存在时滞。这两方面原因导致土地供给会随着时间逐渐减少。然而在土地的需求方面,随着人口规模、经济社会不断进步,土地需求量会持续增加,供求关系的不断变动最终使得土地资源价值增加。

2. 人口规模

从城市土地用途的角度来看,商住用地用于建造商品房供人们工作、学习和起居生活。人口规模的增加会使得教育需求、劳动力需求、住房需求的增加,从而也要为新增加的人口建设或配套相应的交通、生活配套等，在一个城市里面的户籍人口和常住人口对住房的需求是不同的，户籍人口对住房需求大于非户籍人口。交通基础设施的建设在一定程度上吸引了外来人口在此处工作和居住，同时增加了消费需求，为土地和商品房价格上涨创造了前提。

3. 房屋价格

由市场价格决定机制可知，价格上涨意味着居民购买住房的代价增加，这说明房屋价格与住房需求成反比例关系。价格下降会导致住房需求增加，从而增加商住用地资源的价值。在本书的研究中，我们采用了城市年度销售均价和区域住宅均价、商铺均价、车位均价来做数据分析。

4. 楼面地价

楼面地价是指在城镇规划区范围内，对现状利用条件下不同级别或不同均质地域的土地价格，楼面地价即单位建筑面积平均分摊的土地价格。楼面地价是房价的主要组成部分之一，与建造成本、开发利润、相关税费等共同构成了商品房的市场价格。通俗来说，就是我们购买的商品房建筑面积单价为 10 000 元/m²，楼面地价是 4 200 元/m²，也就是购买的商品房建筑面积单价的 10 000 元/m² 中 4 200 元/m² 是开发商购买土地的成本。

(二) 区位价值影响因素

在市中心的区位价值辐射效应影响下，地价由中心区向外逐渐梯度降低，不同区位的土地具有不同的价格，从而使得土地具有区位价值。具体而言，根据形式的不同可以划分为立体区位价值和平面区位价值两种，影响土地区位价值的因素如表 3-5 所示。

表 3-5　影响商住用地区位价值的主要因素

主要因素	建立主体	所在过程	所在周期
城市基础交通设施	开发商、政府	城市规划、房产开发	Ⅰ、Ⅲ
公交车线路、道路	开发商、政府	城市规划、房产开发	Ⅰ、Ⅲ

平面区位价值又叫可达性，居民去往市中心所需的路程和时间是影响"可达性"的主要因素，并呈正向关系。路程越近以及时间越少，证明该区位距离市中心的"可达性"越好，具有较高的平面区位价值。综上所述，城市基础交通设施、道路及可达性是影响土地的平面区位价值的主要因素。

1. 城市基础交通设施

城市交通基础设施是居民工作生活便利的重要公共设施，同样地，区位交通设施情况也是影响人们选择住房的重要参考，从而影响土地平面区位价值。完善的城市基础交通可以提高城市土地价值，就像地铁的建设将大幅度提高城市可达性、交通安全性及地下空间利用。Evans 和 Beed(2000)对墨尔本的交通出行成本升高影响城市不动产价值的变动进行探讨研究，得出交通出行成本增加土地价值递减，交通出行便利程度是土地增值重要影响因素。

深中通道建设给深圳、中山两地的居民来往带来很多便捷，在深中通道延长线出口处的区域到达深圳更便利。同时也会加速珠江西岸城市经济与深圳的深度融合。

2. 道路

道路是城市居民日常生活必不可少的交通出行部分，是实现人员流动、物资流动的必然途径。道路建设直接影响到公民和企业的出行便利程度、工作或经营效率，从而影响人们的效率或者企业的收益。实际生活当中，住房要与公路保持适当距离，太远会带来出行的不方便，太近会受到噪声、尾气污染的影响，保持适当的距离土地平面区位价值才会达到最大值。公路也是研究的一个重点方面，高速公路对城市地价的影响有两个方面：一方面，通过交通便捷来提高城市地价；另一方面，噪声和空气污染会对道路的邻近性产生影响。John Subrajit 和 Zhang(1994)经研究发现，相对于远离公路的土地价格比靠近公路的地价平均低 5%～10%；Dubin 和 Sung（2004）利用加利福尼亚州公路系统的相关材料开展实证研究，结果表明靠近公路系统的土地价格会减少 5%～10%，原因是人们想靠近公路但不想接近，否则会受到交通噪声、空气污染等因素的影响。

3. 公交站点

住宅小区附近 2 km 范围内的公交车站点数量能体出现小区的交通便利情况，公交车站点数量多说明该区域的城市化、市容、经济活跃度等比较好。由于中山市是镇街比较多的城市，目前还没有开通地铁、市内轨道交通等，就会导致出行乘坐的交通工具主要依靠公交车。所以在数据分析过程中考虑加入公交站点数量作为变量，有一定的可行性。

第三节　Hedonic 模型构建

一、模型理论

(一)模型发展

20 世纪 20、30 年代，人们开始对 Hedonic 模型（hedonic pce model，HPM）研究，并在 60、70 年代取得重大突破（Freeman，2003）。尤其是 Sherwin(1974)分别从消费者需求及供应角度两方面对 Hedonic 模型的进行理论分析研究，奠定了 Hedonic 模型的理论基础，也加速了 Hedonic 理论的发展。由于计算机的广泛应用和房地产信息系统的完善，Hedonic 模型在研究中得到大量应用，主要应用在研究影响房地产价格相关因素等方面。除此之外，Hedonic 模型还在预测非市场物品价格中发挥重要作用，例如，Hedonic 模型可用于对城市周围湿地价值、森林外部性价值、水资源价值、公共物品价值、湖泊周边公共服务设施价值、公园的价值、降水量的价值、环境变化对水资源价值等进行评价分析。

在处理同类产品实物形态上和价格存在差异之间的关系中，经常应用 Hedonic 模型研究分析，其特征是对商品的各种属性进行研究后收集并处理相关数据，再经回归分析获得其结果。在国外城市住房市场的分析中，很早之前就开始采用特征价格模型，其中，

Ridker 和 Henning(1967)最早在分析住宅价格中应用该理论,他在研究环境质量对住宅市场的影响时,就将特征价格理论应用其中。Walden(1990)用 Hedonic 模型分析美国新泽西州市区的土地交易数据,对影响城市地价的有关因素做了详细研究,发现当地土地价格和学校质量成正比,拥有较好学校的地区相比一般学校地区的土地价格高出 6%。

(二)基本原理

用 Hedonic 理论分析异质性产品时,需要包含商品的内在特征和属性,而并不是从商品本身需求出发,消费者购买和使用异质性产品,并将商品包含的内在特征和属性转化为商品效用的特征量。Hedonic 理论认为同质商品是多种特征的统一体,这就使得可以用组成商品特征的统一方式及数量来表示某一商品数据分析标准,商品异质性的来源是特征数量不同、组合方式不同的差异性。商品隐含特征的组合方式是商品差异的本质,而商品的价格不同则是由于商品各特征的数量差异和组合方式的多样化造成的。Sherwin(1974)认为市场经济中的消费者和生产者的经济行为是由特征组合来表示价格方程:

$$P(z)=P(Z_1, Z_2, \cdots, Z_n)$$

式中:P 代表商品价格,Z 代表商品的特征

如果商品某一方面的特征发生变化,商品价格也会相应作出调整,对各特征变量求商品价格的偏导数,就体现了各特征对商品价格变动的程度。

(三)模型表述

在不动产和土地增值理论的基础上,将商住用地看作一种特殊商品,这种特殊商品的价格称为地价,同时,引起地价变化的有关因子可视作商品的特征。Hedonic 模型主要有三种函数形式,分别是线性形式、半对数形式和对数形式等形式,受影响因素的数量级数等约束,本书根据变量的数量级数以及变量特征研究常用的公式有以下几种。

1. 线性形式(linear)

$$P_0 = a + \sum b_i x_i + \varepsilon \quad (3-1)$$

式中：P——商住用地价格；

a——常数项；

X_i——特征变量；

b_i——商住用地地价影响因子；

ε——误差项。

2. 对数形式(log-log)

$$\ln P_0 = a + \sum b_i \ln x_i + \varepsilon \quad (3-2)$$

自变量和因变量以对数形式进入模型,回归系数对应着价格弹性,P 和 x_i 不能为零。

3. 半对数线性形式(log-linear)

$$\ln P_0 = a + \sum b_i x_i + \varepsilon \quad (3-3)$$

自变量采用线性形式,因变量采用对数形式,回归系数对应 Hedonic 与产品总价格的比值,即 $a = b_i x_i / P_0$,P_0 不能为零。

4. 半对数形式(semi-log)

$$P_0 = a + \sum b_i \ln x_i + \varepsilon \tag{3-4}$$

自变量采用对数形式,因变量采用线性形式。

自变量对因变量的潜在影响可以通过灵活的函数形式充分表示,这种函数形式可以根据自变量之间的内在联系与协同效应分析更多的回归系数。对同一特征价格模型来说,不同的函数形式会产生不同结果,选择函数形式主要由研究目的、假设、变量的关系及其度量方式决定,不同条件选择的函数形式不同。本书的主要目的是分析影响土地增值的相关因素及其影响程度,为进行结构分析,需要使用Hedonic模型对统计数据处理,使研究结果简单明了,分析过程容易观察,根据实际情况、实际问题、变量影响程度选取模型合适的函数形式,本书选取对数形式和半对数线性形式来做研究分析。

(四)模型应用

模型根据产品的异质性对产品价格进行分解,使其成为不同特征价格,运用市场交数据来预测产品特征隐含价格。用Hedonic模型研究土地增值价格时,运用住宅市场、政府交易价格、项目周边的配套建设情况等数据,建立单独和整体、局部因素对土地增值的影响进行研究分析。

二、模型的具体构建

本书以中山市2012—2022年275块商住用地项目招拍挂楼面地价和2011—2022年24个镇街商品房成交年度均价作为样本数据,

选取深中通道开工建设、地块、社会、环境、经济等影响因素对楼面地价和年度商品房均价增值来做研究分析。采用多元线性回归方程探讨中山市土地增值的影响因素，并对相关影响因素指标进行量化分析商住用地增值情况。本研究构建 Hedonic 模型其数学表达式如下：

$$\ln P_0 = a + b_1 \text{szc-year} + b_2 \text{szc-area} + \varepsilon \quad (3-5)$$

式中：P_0 表示商住用地楼面地价，单位为元/m²；b_i 表示特征变量；szc-year【szc（s 是深圳拼音的第一个字母，z 是中山拼音的第一个字母，c 是 corridor 单词的第一个字母）表示深中通道】，year 表示年份）表示深中通道开工前后（szc-year 在模型计算中作为哑元变量，开工前用 0 表示，开工后用 1 表示）；szc-area（szc 表示深中通道，area 表示区域）表示深中通道延长线有无出口的区域（在计算深中通道用变量时，楼面地价取对数；深中通道开工前后用哑元变量 0 和 1 表示，开工前为 0，后为 1；深中通道延长线有出口区域为 1，无出口区域为 0，主要检测显著性）；α 表示常数项；ε 表示随机误差项。

$$\ln P_0 = a + b_1 \text{szc-year} + b_2 \text{szc-area} + b_3 \text{plo} + b_4 \text{gre}$$
$$+ b_5 \text{bui} + b_6 \text{blo} + b_7 \text{lan} + \varepsilon \quad (3-6)$$

式中：plo(plot ratio)表示容积率；gre(breening ratio)表示绿化率；bui(building density)表示建筑密度；blo(block shape)表示地块形状，lan(land size)地块大小。

$$\ln P_0 = a + b_1 \text{szc-year} + b_2 \text{szc-area} + b_3 \text{plo} + b_4 \text{gre} + b_5 \text{bui}$$
$$+ b_6 \text{blo} + b_7 \text{lan} + b_8 \text{edu} + b_9 \text{hos} + b_{10} \text{par}$$

第三章 地产市场影响因素与模型建立

$$+b_{11}\text{riv}+b_{12}\text{trs}+\varepsilon \tag{3-7}$$

式中：edu(education)表示教育因素；hos(hospital)表示医院；par(park)表示公园；riv(river)表示河流湖泊；trs(transfer station)表示垃圾站。

$$\ln P_0 = a + b_1\text{szc-year} + b_2\text{szc-area} + b_3\text{plo} + b_4\text{gre} + b_5\text{bui}$$
$$+b_6\text{blo}+b_7\text{lan}+b_8\text{edu}+b_9\text{hos}+b_{10}\text{par}+b_{11}\text{riv}+b_{12}\text{trs}$$
$$+b_{13}\ln\text{per}+b_{14}\ln\text{hou}+b_{15}\text{tra}+b_{16}\text{hig}+b_{17}\text{mai}$$
$$+b_{18}\ln\text{hous}+b_{19}\ln\text{sho}+b_{20}\ln\text{park}+\varepsilon \tag{3-8}$$

式中：per(permanent population)表示常住人口；hou(household population)表示户籍人口；tra(transportation line)表示公交站点数量；hig(highway)表示高速公路数量；mai(main road)表示主干道数量；hous(housing price)表示住宅价格；sho(shop price)表示商铺价格；park(parking price)表示车位价格。（为了消除数量的级数有10、100、10000数量的差距，数量大的数值采用取对数的方式处理）。

模型统计分析的有效性与纳入量化变量的个数相关，选择变量的个数应当适度。如果模型中包含的变量过少，模型结果的预测性就会较低，无法准确地判断地价的变动趋势；如果加入的变量过多，且变量之间存在密切相关性，会产生多重共线性问题，影响模型准确性。本书根据实际情况，查阅国内外相关研究情况，量化后加入模型的变量个数为20个（详见表3-7商住用地增值评判的指标体系），有深中通道施工前后1个，深中通道延长线出口有无出口1个，地块因素变量5个，社会因素变量2个，环境因素变量4个，经济因素变量7个。通过对20个变量进行数据整理使其符合统计标准，再进行差异性、相关性、回归分析检验，最终利用 Hedonic 模型进行具体分析。

在筛选变量时不可能使所有变量都进入回归模型，相关变量同时进入，会导致模型出现多重线性问题，给下一步研究分析造成困难。因此，在构建模型时，要充分考虑变量的可识别性、可度量性及其代表性，选择最适合的变量。

三、模型的检验

宋志刚等(2008)建立 Hedonic 模型的前提条件是对变量进行选择和处理，同时把变量量化加入模型，要对模型的拟合度进行检验，同时测定回归方程以及回归系数的显著性。张兆良(2010)、王超(2008)认为根据模型论证的具体需求也应进行 Hedonic 模型引起的多重共线性诊断。

(1)检验回归方程的可决系数 R^2（自变量对因变量的解释程度），从而判定方程的拟合优度，R^2 值在 0 到 1 之间，R^2 值越大，拟合度越好，反之 R^2 值越小其拟合度越差。

(2)进行回归方程的显著性(F)检验(总的检验成不成立)，回归方程的显著性检验一般采用 F 检验。如果 F 值较大，并且其 F 值对应的 P 值小于 10%，则说明在 10% 显著性水平下回归方程具有显著的统计学意义；反之，若 F 值对应的 P 值大于 10% 的没有显著性，则说明回归方程没有统计学意义。

(3)进行回归系数的显著性 T 检验：就是从其中拿出一项进行检验，用回归系数的显著性检验来判断变量的显著性，如果变量对因变量的影响效果显著，则该变量的显著性检验的 T 值会相对较大，一般在10%以下为显著性。

（4）进行多重共线性检验法（消除变量的重合度，有密切相关因素），计算变量之间的相关系数，若 VIF 值小于10%且没有多重共线性，说明这些变量之间的相关性较低，认为变量之间不存在多重共线性，然而这种方法只是初步的判断。

四、Hedonic 模型研究假设

据构建模型提出研究假设如下。

假设1：商住用地楼面地价与深中通道开工前（前后）呈现显著的正向关系。

假设2：商住用地楼面地价与深中通道延长线有（有无）出口呈现显著的正向关系。

假设3：商住用地楼面地价与容积率高（高低）呈现显著的负向关系。

假设4：商住用地楼面地价与公园数量（多少）呈现显著的正向关系。

假设5：商住用地楼面地价与有垃圾站（有无）呈现显著的负向关系。

假设6：商住用地楼面地价与重点学校教育因素（省、市重点学校、一般学校）呈现显著的正向关系。

假设7：商住用地楼面地价与医院近（远近）呈现显著的正向关系。

假设8：商住用地楼面地价与常住人口数量(多少)呈现显著的正向关系。

第三章　地产市场影响因素与模型建立

第四节　空间计量模型构建

本书采用空间计量模型主要是对 Hedonic 模型的补充，空间计量模型对深中通道开工建设和经济因素做了展开研究，Hedonic 模型研究的影响因素更多。在研究交通基础设施建设对房地产产业影响理论和区位理论等理论的基础上，分析中山商住用地增值的空间影响因素和空间效应，影响作用是空间溢出还是空间收敛，通过 Moran's I 指数检验商住用地增值的空间效应，通过空间自相关、空间误差模型、空间杜宾模型探讨商住用地增值的空间影响因素。

一、空间计量模型理论

王喜庆等(2014)根据地理学第一定律，在现实生活中，事物基本都存在地理空间的相关性，事物的空间距离越近，其地理空间的相关关系就越大，事物空间距离越远，其地理空间的相关关系就越远。因此，区域经济学把地理学的第一定律引入区域经济学中，通过考察空间距离的远近来探讨经济变量间的关系，空间计量经济学由此发展起来。空间计量经济学是一门最近发展起来的学科，其根据地理空间的定律，结合计量经济学的相关技术手段，以此来探讨经济变量的空间计量关系，分析经济变量间的空间影响关系和空间的变化规律。

空间计量经济学自20世纪70年代产生以来，在经济学理论和运用研究方面的作用越来越重要。国内现有文献综述极大多是对空间计量经济学基本体系的总结和评价，缺乏对相关领域的最新进展动态的追踪。本书试图在这一方面展开深度研究，在充分收集文献资料的基础上，对空间计量经济学模型设定理论的进展做了较为系统的统计和分析，同时总结和评价空间计量经济学近年来在理论上所取得的新成果。林光平等(2005)基于不同方式创建了空间权矩阵，发现在1978—2002年间，地区经济存在明显的空间相关性。马大来(2015)基于空间分析技术研究了对中国碳排放效率的影响因素，发现区域碳排放具有明显的空间聚集状态。张可云等(2017)从理论上探讨了空间权矩阵的不同设定方法，并进行了不同方法的对比分析。

本书研究发现，中山市的商住用地增值分析不仅仅受到中山市的经济变量的影响，还受到邻近地区对中山市地价、房价的影响，特别是深圳市对中山市的影响，而深圳市对中山市的影响很大部分是通过交通基础设施建设而产生的。因此，研究深中通道开工建设对中山市土地增值的影响，也是研究深中通道正式动工是否会对中山市的土地价格和房价产生空间相关性的影响。本书根据空间计量模型设置空间自相关模型(SAR)、空间误差模型(SEM)和空间杜宾模型(SDM)来分析深中通道开工建设对中山市的地价、房价的影响。

(一)空间自回归模型

SAR模型是空间计量经济学中最为常见的模型，在实际经济问题中产生 SAR 模型的主要原因是出于现代经济模型对代理人行为策略方面的考虑。通常情况下，代理人的行为策略常常有相当强的依赖性，例如厂商制定价格的时候会对邻居行为策略加以考虑，根据微观博弈体制分析来看，如果一个微观观测值是另外观测值的反应变量或反应函数，则一定存在空间相关性，空间自回归模型就是在此种微观个体相关性特点的基础上发展得到的，在空间自回归模型运算过程中，待估参数和空间个体总数主要体现空间相关性，并在扩展中存在高阶空间滞后项。

(二) 空间误差模型

空间误差模型建立的重要原因是为解决其所带来的遗漏变量造成偏误的问题，一些变量及随机扰动项能够用来描述空间依赖性，也就是说，用解释变量的变化表现出空间依赖性并用扰动项将其呈现。把不符合独立分布的矢量用 SEM 体现，即方差、平均值为零且具有正态分布特征。与之相比，当无相关的空间误差项产生时，我们就不能用空间误差模型，而降为利用非空间的线性回归模型。另外，因为空间异质性的存在，空间误差模型能够利用随机扰动项把真实存在的空间解释变量相结合从而将空间相关性呈现出来。

(三) 空间杜宾模型

解释变量是通过时间和空间序列表现出的滞后形式特征，在空间模型中以解释变量呈现，经济学理论阐释自身解释变量和邻居相关解释变量受空间单元产生的影响。例如，要了解能够对通勤时间产生影响的因素，也就是通常所说的解释变量，必须先清楚对相邻地区通勤时间产生影响的解释变量的平均值，再考虑本地区通勤时间由相邻地区对其产生的影响。空间杜宾模型能够解决遗漏变量导致的误差可能存在多重共线性，但不会产生较为严重的偏差。空间杜宾模型能够利用空间权重矩阵来描述邻居解释变量在多维空间中产生的影响，要想得到 SDM 的扩展就需要把 SAR 和 SEM 模型联合起来做研究分析。

二、模型介绍

空间计量经济学把经济学的模型拓展到地理空间，研究经济学变量的空间关系，研究这些经济学变量是有空间相关性，还是有空间异质性。经济学变量的空间相关性是指经济学变量存在地理空间上的相关关系，他们并不是独立存在的，而是存在地理空间的相互影响的，即存在空间关系。而空间异质性就是说明经济学变量不存在地理空间的相关性。根据经济变量的区域经济学研究理论，经济变量是存在空间相关性的，经济要素是通过地理空间的相互作用产生影响的，例如经济学的生产要素，他们都存在于区域经济空间中，存在空间的转换流动。就像房地产价格可能在地理空间中存在扩散溢出效应，对地理空间的其他经济变量存在相关性的影响。反之，空间异质性就是研究经济变量不存在空间相关性的特性，说明经济变量不存在空间收敛或者空间溢出效应。空间计量经济学以及空间统计学的兴起解决了传统回归分析不能考虑空间关联变量的问题，从而解决了对区域内的空间联系的特征变量做出判断和选择的问题，同时解决了传统回归分析中空间资料统计难、易发生误差的问题。

当前，对土地价格的统计分析通常采用回归分析方法，例如，数据包络分析 DEA(data envelopment analysis)、线性回归和多项式回归等，也是对相关目标变量进行预测的分析方法。通过对各种相关变量之间的关系进行统计分析，将时间因素加入模型测度，一般产业部门或企业关于时间相关变量的预测分析就采用这种回归分析方法，但是回归分析有缺陷并不能检验所考虑范围内所有变量的空间关联。

城市空间的发展会直接影响到周边城市的地价和房价，特别是深中通道开工建设后直接影响了中山市的商住用地价格，深圳市的土地价格存在空间溢出效应，助推了中山的土地价格上涨，中山市与深圳市之间的土地价格的相互影响，使中山市的土地价格中心发生偏移。

三、空间权重矩阵

只有建立了空间权重矩阵，才能对空间中相关变量进行统计分析，我们将该空间权重矩阵命名为 W 矩阵。设定 W 矩阵的方法种类繁杂，本书采用空间计量方法结合空间统计理论，在模型中考虑地理空间联系因素，从而确定真实有效的空间权重矩阵。本书采用地理空间关联来设置空间权重矩阵，来自 n 个区域的空间数据为 $\{x_i\}_{i=1}^n$，下标 i 表示区域 i，记区域 i 与区域 j 之间的距离为 W_{ij}，W_{ij} 为邻近空间权值矩阵，则可定义空间权重矩阵如下：

$$W = \begin{bmatrix} w_{11} & \cdots & w_{1n} \\ \vdots & & \vdots \\ w_{n1} & \cdots & w_{nn} \end{bmatrix} \quad (3-9)$$

在(3-9)式中：$W_{nn}(n=1,2,3,\cdots,n$，在同一区域的距离为0$)=W_{11}$均为零，W矩阵为对称矩阵。最常用的距离函数为"相邻"，即如果区域i与区域j有共同的边界，反之，则按照国际象棋中不同棋子的行走路线，几种类型的相邻关系如下。

(1)共享一边或者是拥有同一顶点的两个相邻区域称为后相邻(queen contiguity)，为发散式的走向。

(2)共享一边的两个相邻区域称为车相邻(rook contiguity)。

(3)拥有同一顶点却没有公共边的两个相邻区域称为象相邻(bishop contiguity)。

在实际中，为了区分"边"与"点"，常须设定一个最小距离，而在此距离以下为边。究竟使用车、象或后相邻，取决于具体情况。主要是区分有没有边界、有单独焦点设定的一种运算、空间权重方法，也是为分析莫兰指数、空间计量等的基础设定。不同学者对于相邻区域的定义并不相同，后相邻将相邻区域定义为同边或同顶点的两个区域，而车相邻定义的相邻区域仅指同边两区域。本书出于考虑邻近区域具有更加密切的相关性的考虑，选择视为相邻区域更多的车相邻定义作为研究基础。

本书按照车相邻定义进行空间统计分析，完成内置车相邻矩阵的自动生成模式，得到车相邻矩阵来分析中山市各区域之间的空间效应。

四、莫兰指数及空间计量模型构建

当前经济学界采用最多的空间经济研究方法有 Moran(1950)提

出的 Moran's I 指数和 Geary's C、Getis 指数，这两种方法各有侧重也都有其局限性所在。本研究采用 Moran's I 衡量中山市土地增值的空间情况。

Moran's I 定义如下：

$$\text{Moran's } I = \frac{\sum_{i=1}^{n}\sum_{i=1}^{n}W_{ij}(y_i-\bar{y})(y_i-\bar{y})}{S^2\sum_{i=1}^{n}\sum_{j=1}^{n}W_{ij}}$$

$$S^2 = \frac{1}{n}\sum_{i=1}^{n}(y_i-\bar{y})^2$$

$$\bar{P}_1 = \frac{1}{n}\sum_{i=1}^{n}y_i \tag{3-10}$$

其中，$\bar{P}_1$ 表示镇街房价均值；y_i，y_j 表示第 i 和第 j 个地区的房价；W_{ij} 为邻近空间权值矩阵；S^2 为方差。采用邻近标准或距离标准，其目的是定义空间因素的相互邻近关系。此公式主要检测自相关效应，也是空间分析的基础和前提，此处莫兰指数是单一变量的房价。

1950 年，澳大利亚统计学家 Patrick Alfred Pierce Moran(派翠克·阿尔弗雷德·皮尔斯·莫兰)提出 Moran's I 指数，即命名为莫兰指数。莫兰指数在方差归一化之后是一个在 -1.0 到 1.0 之间的有理数。根据方差归一化的莫兰指数可以判断空间相关性的情况，具体如下：首先，莫兰指数等于 0，说明空间呈随机性；其次，当莫兰指数大于 0 时，空间具有正相关性，相关性的大小与莫兰指数成正比；最后，当莫兰指数小于 0 时，空间具有负相关，且空间差异性与莫兰指数成反比。空间区域(产业、城镇等)的聚集称为空间正相关性，聚集程度与相关性成正比。而空间区域（产业、城镇等）的离散称为空间负相关，离散程度越高相关程度同样也高。

研究中涉及的所有样本全部包括在Moran散点图中的HH（HH表示：High High为住宅价格高的区域被其他住宅价格高的区域包围也称为高高区域）、LL（LL表示：Low Low为低低区域）、HL（HL表示：High Low为低高区域）、LH（LH表示：Low High为低高区域）四种类型之中，而LISA显著性水平图上标注的单元仅仅是通过了显著性检验的单元。Moran散点图上的点表示的是高高类型的镇（区），而不是高高聚集区域。Moran散点图中高高聚集区域体现空间均质性，区域内可能存在空间扩散、溢出效应。LISA显著性水平图上显著高高聚集区域也体现空间均质性，区域内也可能存在空间扩散、溢出效应。

以LISA集聚图的高高聚集区域（HH）为例，HH表示该区域包括自身和周边地区，自身高周边也高的这些县市聚集在一起形成的区域。以高高类型镇（区）为例：高高类型镇（区）是该区域与其相邻区域的地价水平都很高。这说明，该区域处于高高聚集区域之中（高高类型镇街和周边地区构成高高聚集区域）。以石岐区为例，它同其相邻区域之间形成了高高聚集区域，不仅石岐区的土地价格水平较高，同时其相邻区域的地价也相对较高。然后，石岐区和其周边地区之间（即高高聚集区域内）可能存在空间扩散或溢出效应，二者之间空间差异趋于缩小。

中山市土地价格受到中山市周边城市发展和房价溢出效应的影响，特别是深中通道开工建设后对中山市火炬开发区、港口镇、南朗镇的土地价格上涨影响较大。在预计开通深中通道前深圳市的土地价格存在空间溢出效应，使中山的土地价格受到影响，中山市与深圳市之间的土地价格的相互影响，使中山市的土地价格中心发生偏移。

本书根据商住用地增值的影响因素，构建商住用地的空间影响因素模型。陈强(2014)在空间计量模型中选用空间自回归模型、空间误差模型和空间杜宾模型来作为研究模型，本书采用普通住宅成交均价($\ln P_1$)作为商住用地增值的衡量变量，在影响因素中选取深中通道正式动工前后(szc-year)和是否存在深中通道延长线出口(szc-area)作为深中通道的衡量指标，并选取各个镇区的常住人口($\ln$ per)、各个镇区的生产总值($\ln$ GDP)(gross domestic product)，以及商品房成交面积($\ln$ com)(commercial housing transaction)作为经济因素的衡量指标。

SAR模型的数学表达式为

$$\ln P_1 = \rho \sum_{j=1}^{N} W_{it} \ln P_{it} + \beta_1 \ln \text{per}_{it} + \beta_2 \ln \text{GDP}_{it} + \beta_3 \ln \text{com}_{it} + \beta_4 \text{szc}_{it} + \beta_5 \text{szc-year}_{it} + \beta_6 \text{szc-area}_{it} + \mu_i + \lambda_i + \varepsilon_{it}$$

(3-11)

其中，ρ 为空间滞后(自回归)系数；W_{it} 为 $N \cdot N$ 维经标准化的非负空间权重矩阵 W 的 i 行 j 列元素，下标 i 和 t 分别表示第 i 个地区的第 t 年；u_i 和 λ_i 分别表示空间(个体)效应和时间效应；ε_{it} 表示一个白噪声过程。区域的房价受到其他因素影响程度，是否存在空间效应，每年的房价是否存在相关性，还有人口、GDP等因素的影响。

SEM 模型的数学表达式为

$$\ln P_1 = \beta_1 \ln \text{per}_{it} + \beta_2 \ln \text{GDP}_{it} + \beta_3 \ln \text{com}_{it} + \beta_4 \text{szc}_{it}$$
$$+ \beta_5 \text{szc-year}_{it} + \beta_6 \text{szc-area}_{it} + \mu_i + \lambda_i + \varphi_{it}$$

$$\varphi_{it} = v \sum_{j=1}^{N} W_{it} \varphi_{it} + \varepsilon_{it} \tag{3-12}$$

其中，φ_{it} 表示空间自相关的残差项，其依赖空间相邻单元残差 φ_{it} 和一个白噪声过程 ε_{it}；v 为残差项的空间自回归系数。空间误差项存在空间效应，残差里面有空间效应，当均值为 0 时，白噪声的功率密度等于方差。

SDM 模型的数学表达式为

$$\ln P_1 = \rho \sum_{j=1}^{N} W_{it} \ln P_{it} + \alpha_1 \ln \text{per}_{it} + \alpha_2 \ln \text{GDP}_{it} + \alpha_3 \ln \text{com}_{it}$$
$$+ \alpha_4 \text{szc}_{it} + \alpha_5 \text{szc-year}_{it} + \alpha_6 \text{szc-area}_{it}$$
$$+ \beta_1 \sum_{j=1}^{N} W_{it} \ln \text{per}_{it} + \beta_2 \sum_{j=1}^{N} W_{it} \ln \text{GDP}_{it}$$
$$+ \beta_3 \sum_{j=1}^{N} W_{it} \ln \text{com}_{it} + \beta_4 \sum_{j=1}^{N} W_{it} \text{szc}_{it}$$
$$+ \beta_5 \sum_{j=1}^{N} W_{it} \text{szc-year}_{it} + \beta_6 \sum_{j=1}^{N} W_{it} \text{szc-area}_{it}$$
$$+ \mu_i + \lambda_i + \varepsilon_{it} \tag{3-13}$$

其中，ρ 为空间回归系数；W_{it} 为 $N \cdot N$ 维经标准化的非负空间权重矩阵 W 的 i 行 j 列元素下标 i 和 t 分别表示第 i 个地区的第 t 年；μ_i 和 λ_i 分别表示空间(个体)效应和时间效应。SDM 模型检测空间自相关模型的延伸、扩展、空间权重矩阵以外的相关影响。

五、空间计量模型研究假设

本书通过商住用地增值的影响因素中的住宅价格会受到常住人

口、GDP 等经济因素的影响,并结合构建的模型提出研究假设如下。

假设1:普通住宅成交均价与深中通道开工(前后)呈现显著的正向关系。

假设2:普通住宅成交均价与深中通道延长线(有无)出口呈现显著的正向关系。

假设3:普通住宅成交均价与常住人口数量(多少)呈现显著的正向关系。

假设4:普通住宅成交均价与生产总值(高低)呈现显著的正向关系。

假设5:普通住宅成交均价与商品房成交面积量(大小)呈现显著的正向关系。

第五节　评判商住用地增值指标的原则

研究商住用地增值首先要做的是建立影响商住用地增值有关的指标体系，建立时通常依据以下几个原则。

一、科学性和客观性

在选择指标时，应参考经济学界公认的理论依据，选择的指标能明确反映商住用地的增值目标，确保所获资料的真实性，采取科学合理的处理方法，在获取资料时，应从实际出发，确保其准确性，按照标准规范合理的原则测算和处理所得数据及指标。

二、全面性和系统性

建立指标评价体系应保证其覆盖面，足够覆盖影响商住用地增值的多个方面，包括商住用地的使用价值、周围环境价值、资源价值、区位价值、投资价值和市场价值等方面，各类指标中反映的信息要尽量保证全面性和真实性，避免重复工作的进行。除此之外，评价不同层面的内容应选择不同的评价体系，整个评价体系的各个要素相辅相成、相互补充，使其成为一个完整的有机体。

三、代表性和简洁性

应选择典型、具有代表性的指标，避免重复指标（包括意义相近、指标相同及汇出性指标)的选入，使整个指标体系简单明了，易于研究分析。

四、相关性和整体性

选取指标系统之间的联系是普遍存在的，系统与系统之间，尤其是与其上级系统之间以及系统自身也存在联系。指标需要能够体现系统与其上级系统或者其他系统之间的联系，也就是系统之间的相关性，同时也需要考虑整个体系的整体性问题。

五、可行性和可操作性

建立指标体系之前，应先做好理论分析，在充分了解其理论后再进行模型的建立，但在现实生活中，由于资源限制，理论分析工作被缩减，指标的选择范围有限。因此，选择指标时应以所获资料为基础，保证指标的真实性和可靠性，避免选择模糊不清的、操作难度大的指标，确保指标体系操作的可行性和可操作性。

六、指标选择

根据上述原则构建商住用地增值综合评判的指标体系，如表3-6所示。

表 3-6 商住用地增值评判的指标体系

目标层	准则层	指标层	目标层	准则层	指标层
地价	土地价格	楼面地价	楼价	房屋价格	住宅均价
地块因素	地块大小	占地面积	社会因素	教育	中学(省、市重点、普通)
	容积率	容积率			小学(省、市重点、普通)
	绿化率	绿化率			幼儿园(重点、优级、普通)2 km内个数
	建筑密度	建筑密度		医疗	2 km内数量
	地块形状	是否方正		公园	2 km内数量
经济因素	住宅价格	所在镇街均价	环境因素	污染	5 km内垃圾站个数
	商铺价格	所在镇街均价		河流湖泊	1 km内河流
	车位价格	所在镇街均价			1 km内湖泊
	人口数量	常住人口	住宅市场因素	GDP	镇区生产总值
		户籍人口		商品房成交面积	住宅成交面积
	公交站点	2 km内公交站点数量		普通住宅成交均价	年度住宅成交均价
	道路	5 km范围内高速路条数	土地市场因素(参考因素)	土地成交面积	年度土地成交面积
		2 km内主干道条数		土地成交均价	年度土地成交均价

在数据分析过程中根据代表性和简洁性原则，本书选择23项指标构成城市商住用地增值和住宅价格上涨综合评判的指标体系。

第六节 本章小结

首先，确定了本书研究范围和数据来源，对商住用地增值过程中的深圳通道开工建设、地块、社会、环境、经济等影响因素做了描述性解释分析并研究了其对土地增值的影响程度；其次，选取影响商住用地增值的因素指标构建 Hedonic 模型和检验模型的适用性，在变量的选取上也是在前人研究基础上选取对土地增值影响的变量，在模型研究假设方面主要是在实证研究章节里面的论证假设的成立；再次，对空间计量模型分析空间权值矩阵，应用空间计量经济学理论，采用空间统计分析方法，在特征价格模型中加入地理空间联系相关因素，并通过莫兰指数作为基础建立起空间自回归、误差、杜宾模型；最后，研究了在解决研究过程中主观因素对研究的影响，提升研究结果的有效性和说服力，做了对模型建立的科学性、合理性、可行性、全面性和评判指标选择。

第四章 深中通道对城市地产影响分析

第一节 研究区域图

一、中山市2016～2018年建设用地成交情况

在中山市规划局公布的可建设用地里面有约60%为商住用地，40%为商业、酒店、教育、工业等用地。作为商住用地必须要有三规（土地规划、城市规划、片区控规）相符，才能作为规定出让条件的建设用地，政府在每年的供地计划里面商住用地相对较少。从近三年的商住用地招拍挂拍卖结果也能看出供地情况，2016年成交土地面积为884 310.10 m^2；2017年成交面积为1 701 793.50 m^2；2018年成交面积为611 735.10 m^2。

二、中山市2018年各镇区房价地图

在深中通道开工建设后，2018年3月中山市各镇区房价，在深

中通道开工之后中山市的房价中心在石岐区和东区，开工前火炬开发区、港口镇、南朗镇的住宅均价大概在7 000元/m^2。随着深中通道正式开工之后，住宅的均价开始向深中通道迁移，对深中通道延长线出口的区域火炬开发区、港口镇、南朗镇的房价影响最大，但是民众镇也是靠近深中通道而住宅均价影响不大，主要原因是没有深中通道延长线出入口。

第二节　中山市商住用地增值影响因素分析

一、变量的描述统计

(一)商住地块、社会和环境因素的频率统计

本书收集了2012年到2018年中山市的202块商住地块招拍挂成交的情况，以及商住用地的地块、配套、环境、交通等因素。由表4-1的统计结果可知，在202块商住地块（招拍挂）中，194个商住地块的形状方正，占了96.04%，即绝大部分商住地块的形状为方正的。79.7%的商住地块在2 km范围内有公园。从中学来看，70.79%的商住地块在2 km范围内没有省重点中学，86.57%的商住地块在2 km范围内没有市重点中学，40.01%的商住地块在2 km范围内没有普通中学，由此可见，大部分的商住地块都没有省重点中学或市重点中学，而有一半以上的地块周边有普通中学。小学和幼儿园的情况与中学的情况一致，都基本没有省、市重点学校，一般都有普通学校。从2 km范围内的医院来看，商住地块基本都有医院。从1 km范围内河流来看，商住地块基本都没有河流。从1 km范围内湖泊来看，商住地块基本都没有湖泊。从5 km范围内垃圾站来看，商住地块基本都没有垃圾站。

表4-1中，变量如下：

第四章 深中通道对城市地产影响分析

省重点中学用 pkm(provincial key middle school)表示；

市重点中学用 mkm(municipal key middle school)表示；

普通中学用 ohs(ordinary high school)表示；

省重点小学用 pkp(provincial key primary school)表示；

市重点小学用 mkp(municipal key primary school)表示；

普通小学用 opc(ordinary primary school)表示；

省重点幼儿园用 pkk(provincial key kindegarten)表示；

市重点幼儿园用 mkk(municipal key kindegarten)表示；

普通幼儿园用 gen(general kindegarten)表示。

表 4-1 地块、社会和环境因素的统计

指标	选项	样本量/块	占比/%
地块形状(blo)	不规则	8	3.96
	方正	194	96.04
2 km 范围内公园(par)	无公园	41	20.3
	有公园	161	79.7
2 km 范围内省重点中学(pkm)	无	143	70.79
	有	59	29.21
2 km 范围内市重点中学(mkm)	无	174	86.57
	有	27	13.43
2 km 范围内普通中学(ohs)	无	81	40.1
	有	121	59.9
2 km 范围内省重点小学(pkp)	无	187	92.57
	有	15	7.43
2 km 范围内市重点小学(mkp)	无	145	71.78
	有	57	28.22

续表

指标	选项	样本量/块	占比/%
2 km 范围内普通小学(opc)	无	62	30.69
	有	140	69.31
2 km 范围内省重点幼儿园(pkk)	无	196	97.03
	有	6	2.97
2 km 范围内市重点幼儿园(mkk)	无	176	87.13
	有	26	12.87
2 km 范围内普通幼儿园(gen)	无	17	8.42
	有	185	91.58
2 km 范围内医院(hos)	无	26	12.87
	有	176	87.13
1 km 范围内河流(riv)	无	142	70.3
	有	60	29.7
1 km 范围内湖泊(riv)	无	201	99.5
	有	1	0.5
5 km 范围内垃圾站(trs)	无	175	86.63
	有	27	13.37

(二)商住地块、经济和社会因素的描述统计

由表 4-2 的统计结果可知,在 202 块商住用地中,商住地块的土地面积均值为 28 632.5 m^2,标准差为 51 568.4 m^2,说明商住地块的土地面积大小存在较大的差异,最小的商住地块面积只有 140 m^2,最大的商住地块面积达到 61 万 m^2。表 4-2 中,出让总价用 agg(aggregate transter price)表示。

第四章 深中通道对城市地产影响分析

表 4-2 地块、经济、社会因素的描述统计

变量	命名	样本/块	均值	标准差	最小值	最大值
地块大小/m²	lan	202	28 632.5	51 568.4	140	615 047
容积率/%	plo	202	2.36	0.67	1.00	3.10
绿化率/%	gre	202	0.36	0.03	0.15	0.45
建筑密度/%	bui	202	0.47	2.09	0.20	37.00
出让总价/亿元	agg	202	1.91	3.72	0.005 6	22.30
楼面地价/(元/m²)	p_0	202	2 647	2.533	294	13 564
住宅单价/(元/m²)	hous	202	10 833	2 983	7 473	17 193
商铺单价/(元/m²)	sho	202	23 069	16 389	15 000	188 000
车位单价/(元/个)	park	202	114 446	20 702	13 000	150 000
常住人口/人	per	202	131 172	42 456	31 900	329 000
户籍人口/人	hou	202	63 797	32 307	8 000	178 000
公交站点/条	tra	202	4.37	1.43	2.00	9.00
高速路/条	hig	202	1.29	0.52	0.00	3.00
主干道/条	mai	202	1.64	0.77	1.00	3.00

从商住地块的容积率来看，商住地块的平均容积率为2.36，说明商住地块基本是以高层住宅为主。从绿化率来看，平均的绿化率为36%，高于房地产开发规定的指标(30%)。从建筑密度来看，商住地块平均的建筑密度为35%。2012—2018年的商住地块的楼面地价的均值为2 647元/m²，2018年度商住地块周边的住宅单价的均值为10 833元/m²，2018年度商住地块周边的商铺单价的均值为17 330.7元/m²，2018年度商住地块周边车位单价为114 446元/个，

商住地块周边常住人口的均值为 131 172 人，商住地块周边户籍人口的均值为 63 797 人，商住地块 2 km 内公交数量的均值为 4.37 个，商住地块 5 km 范围内高速路数量的均值为 1.29 个，商住地块 2 km 内主干道数量的均值为 1.64 个。

二、楼面地价的差异性分析

(一)深中通道正式开工前后

在分析深中通道正式开工前后对楼面地价的影响时，本书先分析楼面地价的逐年均值，从表 4-3 的逐年商住地块楼面地价的描述统计结果可知，在 2017 年前中山市的楼面地价增幅都不是很大。而在深中通道西人工岛工程于 2016 年 12 月 30 日正式施工的消息出来后，商住地块楼面地价迅速上涨。

表 4-3　逐年商住用地楼面地价的描述统计

单位：元/m²

年 份/年	样本量/块	均　值	标准差	最小值	最大值
2012	49	1 149.16	826.48	294	4 545
2013	58	1 841.12	1 211.61	353	6 569
2014	21	1 550.38	1 467.97	340	6 000
2015	11	865.18	298.61	660	1 500
2016	11	2 023.34	1 547.20	780	3 800
2017	34	5 691.85	2 654.58	2 585	13 564
2018	18	6 316.78	2 465.30	3 655	13 441

第四章　深中通道对城市地产影响分析

本书以深中通道正式施工前后作为组别，由图 4-1 箱式图可知，以楼面地价作为测量指标，采用独立样本 T 检验，箱式图中施工前是 0 表示，施工后是 1 表示。对箱式图的解释如图 4-2 所示。

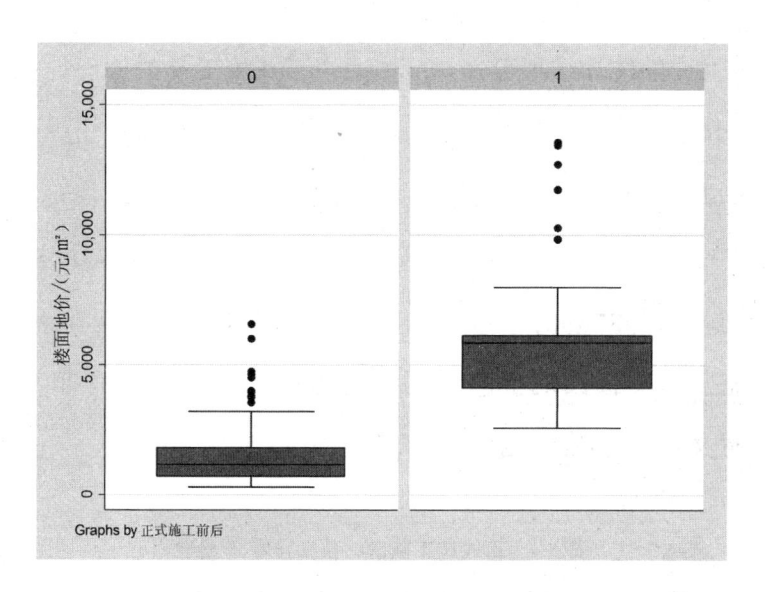

图 4-1　深中通道正式施工前后的箱式图

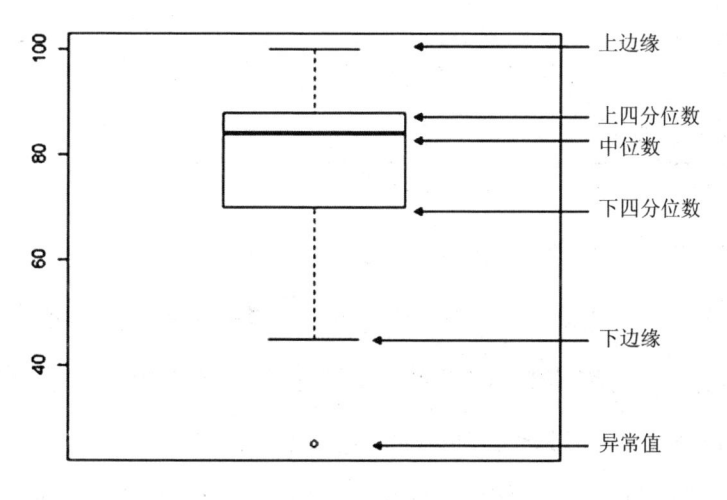

图 4-2　对箱式图的解释

箱式图中方色块表示面积差距大小所占的比重和分散的情况；图中的点代表异常值；标准差就是标准差异程度；T 值表示检验两个变量开通前后的均值的差异；P 值表示 T 值对应临界值。P 值和 T 值两个都是对应的，小于 0.05 就是显著。

由表 4-3 的统计结果可知，深中通道正式施工前的楼面地价的样本量有 150 块，均值为 1 516.17 元 m^2，标准差为 1 171.91 元/m^2，深中通道正式施工后的楼面地价的样本量有 52 块，均值为 5 908.17 元/m^2，标准差为 2 583.74 元/m^2，独立样本 T 检验的 T 值为 -16.532，对应的 P 值为 0.000，P 值小于 0.01，说明深中通道正式施工后的楼面地价高于深中通道正式施工前具有非常显著的统计学意义，这个结论也明显与现实相符合。

表 4-4　正式施工前后的独立样本 T 检验

指标	选项	样本量/块	均值/(元/m^2)	标准差/(元/m^2)	T 值	P 值
正式施工前后	施工前	150	1 516.17	1 171.91	-16.532	0.000
	施工后	52	5 908.17	2 583.74		

(二)有无深中通道延长线出口

由图 4-3 箱式图可知，有深中通道的延长线出口的地块存在较多的离群值，离群值都远远高于楼面地价的平均价格，说明深中通道的延长线出口区域的商住用地楼面地价的差异也较大，并对差异进行独立样本检验。箱式图中有深中通道的延长线出口用 1 表示，无出口的用 0 表示。

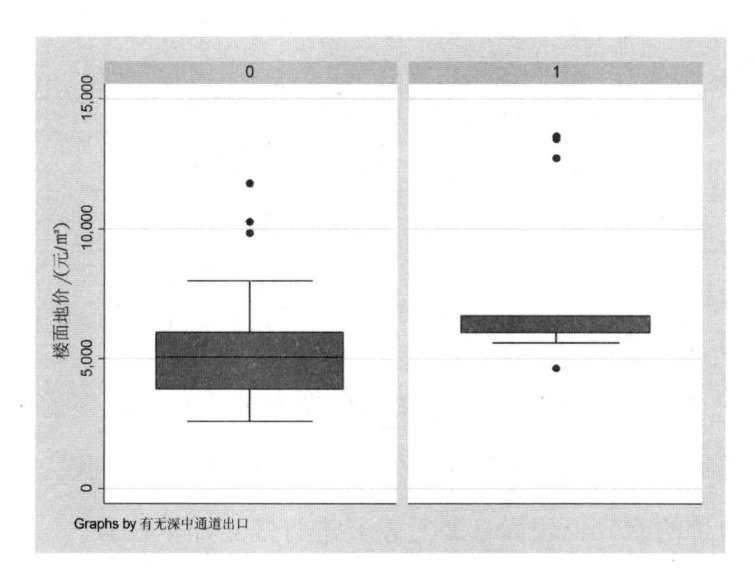

第四章　深中通道对城市地产影响分析

图 4-3　有无深中通道延长线出口

2016年12月30日正式施工的消息出来后,选取的52幅土地,以有无深中通道出口作为组别,以楼面地价作为测量指标,采用独立样本 T 检验,由表4-5的统计结果可知,有深中通道出口的楼面地价的样本量有13块,均值为 7 620.15 元/m²,标准差为 3 244.32元/m²;无深中通道出口的楼面地价的样本量有39块,均值为5 337.51元/m²,标准差为2 073.34元/m²,独立样本 T 检验的 T 值为-2.961,对应的 P 值为0.004 7, P 值小于0.01,说明有深中通道出口的楼面地价高于无深中通道出口具有非常显著的统计学意义,这个结论也明显与现实相符合。在深中通道延长线有出口的镇街房价高的一个主要原因是深圳客过来买房,相对于珠江对岸的深圳宝安片区附近均价在55 000 元/m² 左右的房价,中山房地产市场还是一个价格洼地。

表 4-5　有无深中通道延长线出口的独立样本 T 检验

指标	选项	样本量/块	均值/(元/m²)	标准差/(元/m²)	T 值	P 值
深中通道出口	无	39	5 337.51	2 073.34	−2.961	0.0047
	有	13	7 620.15	3 244.32		

(三) 地块形状

由图 4-4 箱式图可知，地块形状为方正的存在较多的离群值，离群值都远远高于楼面地价的平均价格，说明地块形状为方正的，其楼面地价的差异也较大，并对差异进行独立样本检验。

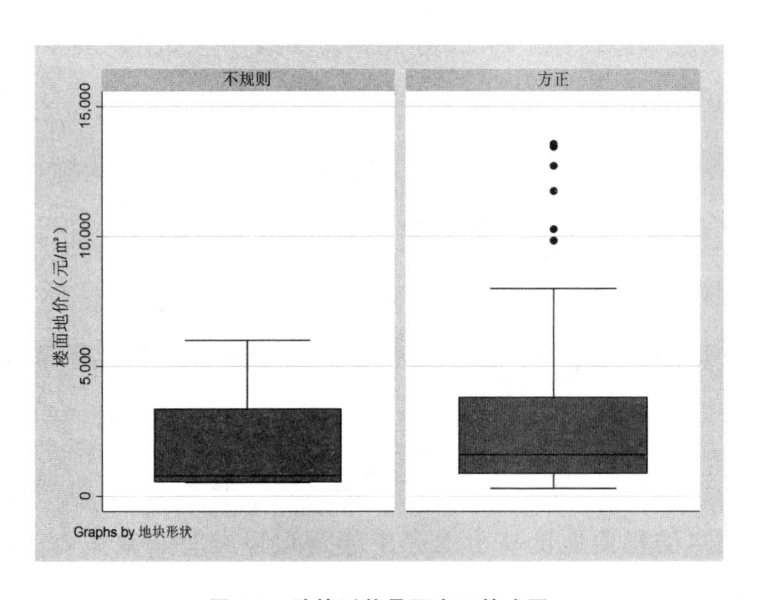

图 4-4　地块形状是否方正箱式图

本书以地块形状是否方正作为组别，以楼面地价作为测量指标，采用独立样本 T 检验，由表 4-6 的统计结果可知，地块形状为不规则的楼面地价的样本量有 8 块,均值为 1 991.88 元/m²,标准差为 2 394.62 元/m²,地块形状为方正的楼面地价的样本量有 194 块,均值为 2 673.79 元/m²,标准差为 2 541.09 元/m²,独立样本 T 检验的 T 值为 -0.745,对应的 P 值为 0.457,P 值大于 0.05,说明地块形状为方正的楼面地价高于地块形状为不规则,没有统计学意义,即地块形状对楼面地价的影响不明显。

表 4-6 地块形状的独立样本 T 检验

指标	选项	样本量/块	均值/(元/m²)	标准差/(元/m²)	T 值	P 值
地块形状	不规则	8	1 991.88	2 394.62	-0.745	0.457
	方正	194	2 673.79	2 541.09		

(四)公园

本书以 2 km 范围内有无公园作为组别,以楼面地价作为测量指标,采用独立样本 T 检验,由表 4-7 的统计结果可知,2 km 范围内有公园的楼面地价的样本量有 161 块,均值为 2 537.81 元/m²,标准差为 2 533.99 元/m²,2 km 范围内没有公园的楼面地价的样本量有 41 块,均值为 3 074.71 元/m²,标准差为 2 515.67 元/m²,独立样本 T 检验的 T 值为 1.213,对应的 P 值为 0.227,P 值大于 0.05,说明 2 km 范围内有公园的楼面地价低于 2 km 范围内无公园的楼面地价没有统计学意义,即 2 km 范围内有无公园对楼面地价影响不大。

表 4-7 公园(2 km 范围内)的独立样本 T 检验

指标	选项	样本量/块	均值/(元/m²)	标准差/(元/m²)	T 值	P 值
2 km 内公园	无公园	41	3 074.71	2 515.67	1.213	0.227
	有公园	161	2537.81	2533.99		

由图 4-5 显示在 2 km 范围内公园的箱式图可知,商住地块 2 km 范围内有公园的楼面地价低于没有公园的,并对差异进行做独立样本 T 检验的进行验证。

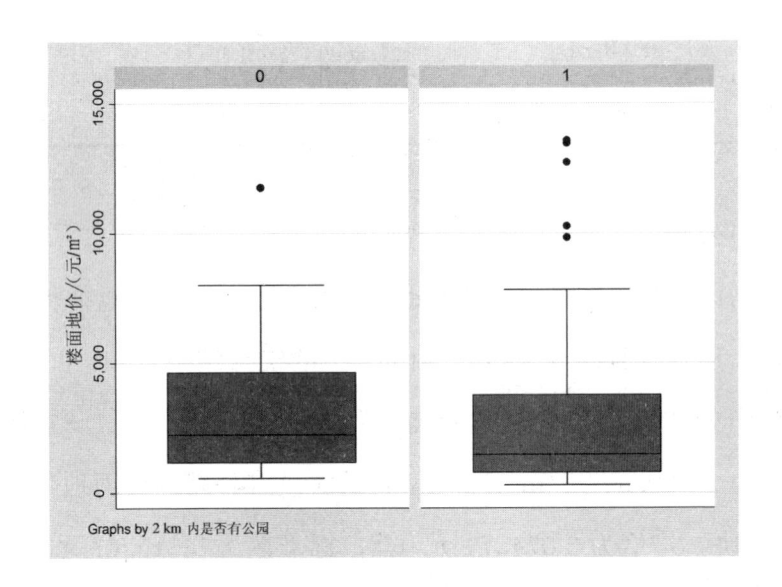

图 4-5 2 km 范围内公园的箱式图

(五) 省重点中学

由图 4-6 的箱式图可知,商住地块 2 km 范围内有省重点中学楼面地价的中位数明显高于没有省重点中学的楼面地价,并对差异进

行独立样本 T 检验的进行验证。

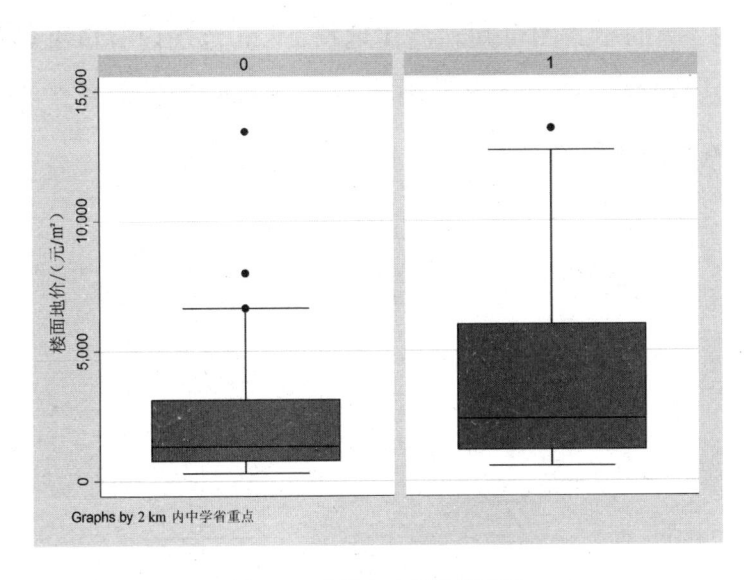

图 4-6　省重点中学的箱式图

由表 4-8 的统计结果可知，有省重点中学的楼面地价的均值为 3 740.15 元/m²，没有省重点中学的楼面地价的均值为 2 195.68 元/m²，独立样本 T 检验的 P 值为 0.000，因此，有省重点中学的楼面地价的均值高于没有省重点中学的楼面地价的均值具有非常显著的统计学意义。

表 4-8　省重点中学的独立样本 T 检验

指标	选项	样本量/块	均值/(元/m²)	标准差/(元/m²)	T 值	P 值
省重点中学	无	143	2 195.68	2 033.80	−4.092	0.000
	有	59	3 740.15	3 224.24		

(六)市重点中学

由图 4-7 的箱式图可知，商住地块 2 km 范围内有市重点中学与没有市重点中学的楼面价格的中位数差别不大，并对差异进行独立样本 T 检验的进行验证。

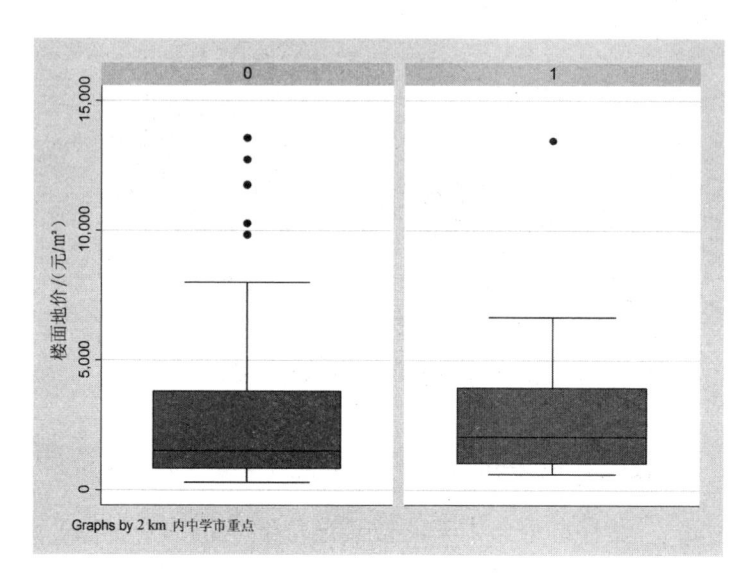

图 4-7　市重点中学的箱式图

由表 4-9 统计结果可知，有市重点中学的楼面地价的均值为 2 955.22元/m^2，没有市重点中学的楼面地价的均值为 2 611.11 元/m^2，独立样本 T 检验的 P 值为 0.513，因此，有市重点中学的楼面地价的均值高于没有市重点中学的楼面地价的均值的差异并没有统计学意义。

表 4-9 市重点中学的独立样本 T 检验

指标	选项	样本量/块	均值 /(元/m²)	标准差 /(元/m²)	T 值	P 值
市重点中学	无	174	2 611.11	2 482.41	−0.655	0.513
	有	27	2 955.22	2 886.13		

(七)普通中学

由图 4-8 普通中学的箱式图可知,商住地块 2 km 范围内有普通中学的楼面地价中位数低于没有普通中学的楼面价格的中位数,并对差异进行独立样本 T 检验的进行验证。

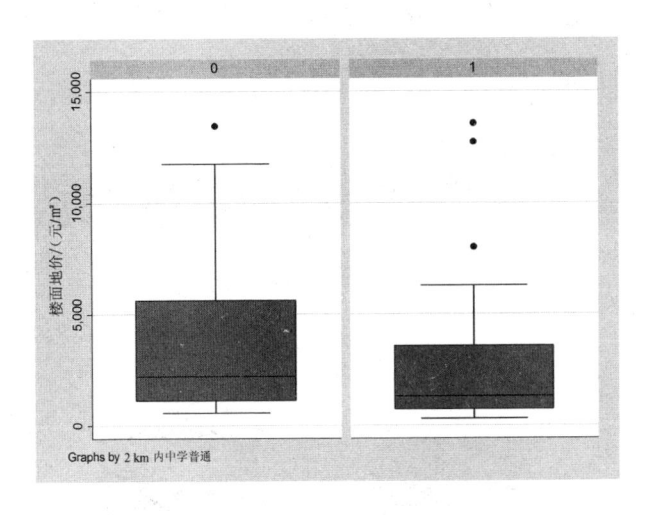

图 4-8 普通中学的箱式图

由表 4-10 的统计结果可知,有普通中学的楼面地价的均值为 2 270.70元/m²,没有普通中学的楼面地价的均值为 3 208.59 元/m²,独立样本 T 检验的 P 值为 0.010,因此,有普通中学的楼面地价的均值低于没有普通中学的楼面地价的均值的差异有显著的统计学意义。

表 4-10　普通中学的独立样本 T 检验

指标	选项	样本量/块	均值 /(元/m²)	标准差 /(元/m²)	T 值	P 值
普通中学	无	81	3 208.59	2 786.92	2.616	0.010
	有	121	2 270.70	2 283.83		

(八)省重点小学

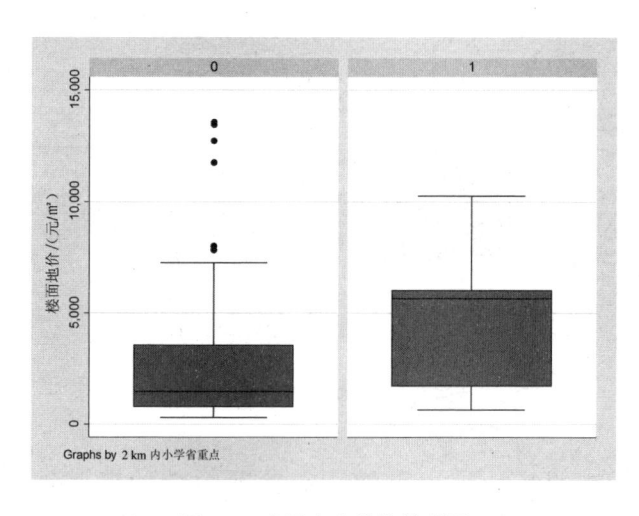

由图 4-9 省重点小学的箱式图可知，商住地块 2 km 范围内有省重点小学楼面地价的中位数明显高于没有省重点小学的楼面地价，并对差异进行独立样本 T 检验的进行验证。

图 4-9　省重点小学的箱式图

由表 4-11 的统计结果可知，有省重点小学的楼面地价的均值为 4 953.11 元/m²，没有省重点小学的楼面地价的均值为

2 461.79 元/m², 独立样本 T 检验的 P 值为 0.000, 因此, 有省重点小学的楼面地价的均值高于没有省重点小学的楼面地价的均值的差异有非常显著的统计学意义。

表 4-11 省重点小学的独立样本 T 检验

指标	选项	样本量/块	均值/(元/m²)	标准差/(元/m²)	T 值	P 值
省重点小学	无	187	2 461.79	2 414.52	−3.784	0.000
	有	15	4 953.11	2 920.31		

(九) 市重点小学

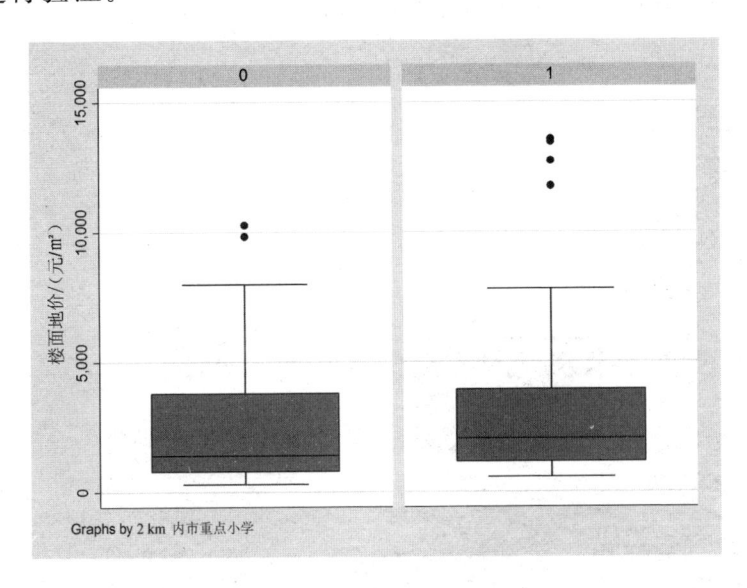

由图 4-10 市重点小学的箱式图可知, 商住地块 2 km 范围内有市重点小学的存在一个离群值, 有市重点小学楼面地价的中位数与没有市重点小学的楼面地价差异不大。并对差异进行独立样本 T 检验的进行验证。

图 4-10 市重点小学的箱式图

由表4-12的统计结果可知，有市重点小学的楼面地价的均值为 3 250.16 元/m²，没有市重点小学的楼面地价的均值为 2 409.6 元/m²，独立样本 T 检验的 P 值为 0.034，因此，有市重点小学的楼面地价的均值高于没有市重点小学的楼面地价的均值的差异有统计学意义。

表 4-12　市重点小学的独立样本 T 检验

指标	选项	样本量/块	均值/(元/m²)	标准差/(元/m²)	T 值	P 值
市重点小学	无	145	2 409.60	2 135.00	−2.141	0.034
	有	57	3 250.16	3 285.92		

（十）普通小学

由图4-11普通小学的箱式图可知，商住地块 2 km 范围内没有普通小学楼面地价的中位数明显高于有普通小学的楼面地价，并对差异进行独立样本 T 检验的进行验证。

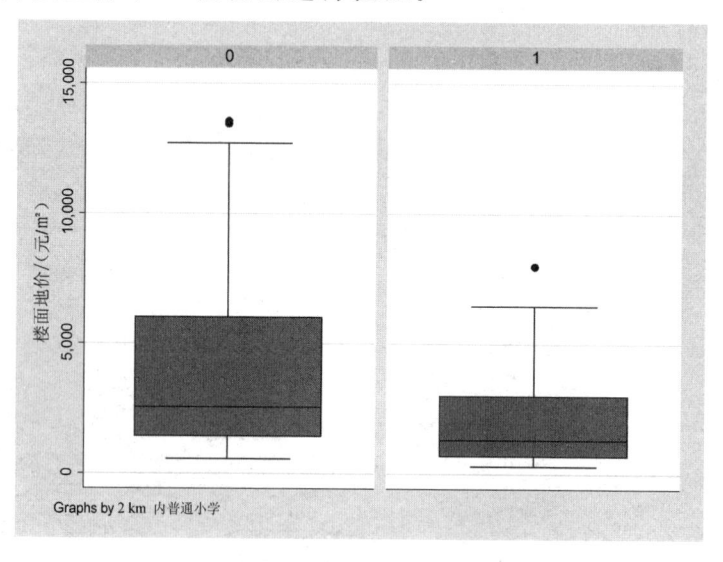

图 4-11　普通小学的箱式图

由表 4-13 的统计结果可知，有普通小学的楼面地价的均值为 2 083.4元/m²，没有市重点小学的楼面地价的均值为 3 918.95 元/m²，独立样本 T 检验的 P 值为 0.000，因此，有普通小学的楼面地价的均值低于没有普通小学的楼面地价的均值的差异有非常显著的统计学意义。

表 4-13　普通小学的独立样本 T 检验

指标	选项	样本量/块	均值/(元/m²)	标准差/(元/m²)	T 值	P 值
普通小学	无	62	3 918.95	3 367.27	5.028	0.000
	有	140	2 083.40	1 806.30		

(十一) 市重点幼儿园

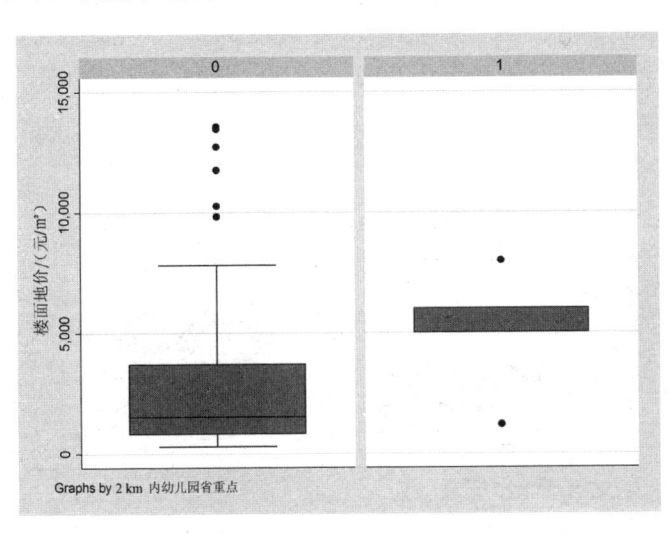

由图 4-12 市重点幼儿园的箱式图可知，商住地块 2 km 范围内有市重点幼儿园的楼面地价的中位数明显高于没有市重点幼儿园的楼面地价，并对差异进行独立样本 T 检验的进行验证。

图 4-12　市重点幼儿园的箱式图

由表 4-14 的统计结果可知,有市重点幼儿园的楼面地价的均值为 5 363.33 元/m²,没有市重点幼儿园的楼面地价的均值为 2 563.63 元/m²,独立样本 T 检验的 P 值为 0.007,因此,有市重点幼儿园的楼面地价的均值高于没有市重点幼儿园的楼面地价的均值的差异有非常显著的统计学意义。

表 4-14　市重点幼儿园的独立样本 T 检验

指标	选项	样本量/块	均值/(元/m²)	标准差/(元/m²)	T 值	P 值
市重点幼儿园	无	196	2 563.63	2 499.83	−2.708	0.007
	有	6	5 363.33	2 268.22		

(十二)重点幼儿园

由图 4-13 重点幼儿园的箱式图可知,商住地块 2 km 范围内有重点幼儿园的楼面地价的中位数高于没有重点幼儿园的楼面地价,并对差异进行独立样本 T 检验的进行验证。

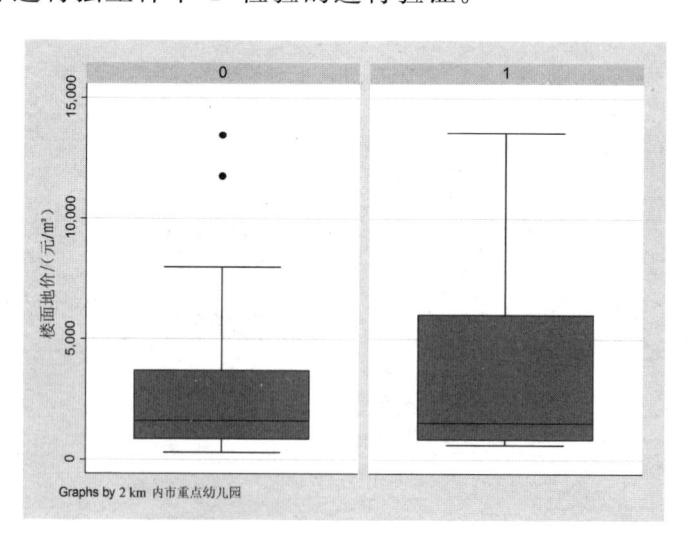

图 4-13　重点幼儿园的箱式图

由表 4-14 的统计结果可知，有重点幼儿园的楼面地价的均值为 3 673.58元/m²，没有重点幼儿园的楼面地价的均值为 2 495.10元/m²，独立样本 T 检验的 P 值为 0.027，因此，有重点幼儿园的楼面地价的均值高于没有重点幼儿园的楼面地价的均值的差异有统计学意义。

表 4-15　重点幼儿园的独立样本 T 检验

指标	选项	样本量/块	均值/(元/m²)	标准差/(元/m²)	T 值	P 值
重点幼儿园	无	176	2 495.10	2 223.31	−2.236	0.027
	有	26	3 673.58	3 967.06		

(十三) 普通幼儿园

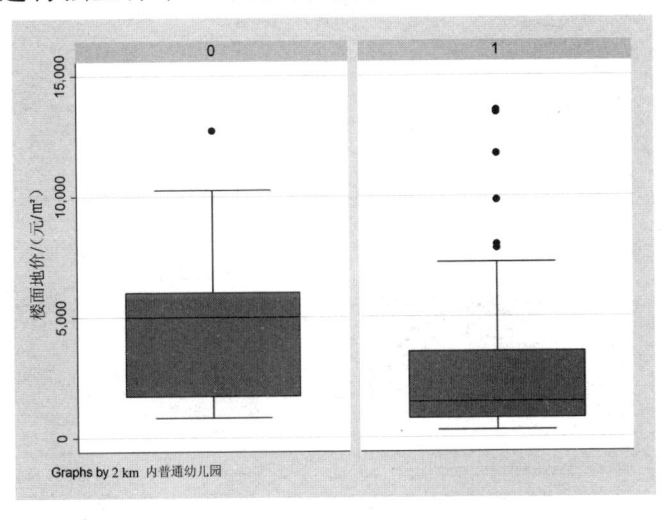

由图 4-14 普通幼儿园的箱式图可知，商住地块 2 km 范围内没有普通幼儿园的楼面地价的中位数高于有普通幼儿园的楼面地价，并对差异进行独立样本 T 检验的进行验证。

图 4-14　普通幼儿园的箱式图

由表 4-16 的统计结果可知，有普通幼儿园的楼面地价的均值为 2 460.66元/m²，没有普通幼儿园的楼面地价的均值为4 672.24元/m²，独立样本 T 检验的 P 值为 0.001，因此，没有普通幼儿园的楼面地价的均值高于有普通幼儿园的楼面地价的均值的差异具有非常显著的统计学意义。

表 4-16 普通幼儿园的独立样本 T 检验

指标	选项	样本量/块	均值/(元/m²)	标准差/(元/m²)	T 值	P 值
普通幼儿园	无	17	4 672.24	3 338.94	3.542	0.001
	有	185	2 460.66	2 372.19		

(十四) 医院

由图 4-15 医院(2 km 范围内)的箱式图可知，商住地块 2 km 范围内没有医院的楼面地价的中位数高于有医院的楼面地价，并对差异进行独立样本 T 检验的进行验证。

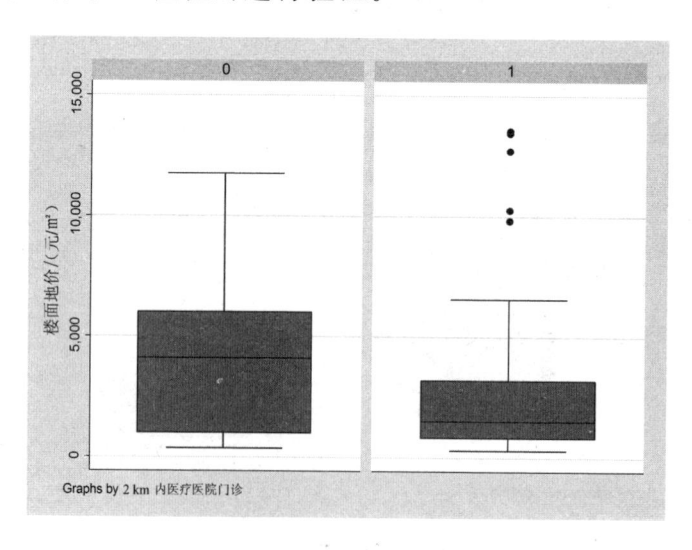

图 4-15 医院(2 km 范围内)的箱式图

由表 4-17 的统计结果可知,有医院的楼面地价的均值为 2 435.96元/m², 没有医院的楼面地价的均值为4 073.95元/m², 独立样本 T 检验的 P 值为 0.002, 因此, 没有医院的楼面地价的均值高于有医院的楼面地价的均值的差异具有显著的统计学意义。

表 4-17 医院(2 km 范围内)的独立样本 T 检验

指标	选项	样本量/块	均值/(元/m²)	标准差/(元/m²)	T 值	P 值
2 km 范围内医院	无	26	4 073.95	3 024.15	3.145	0.002
	有	176	2 435.96	2 391.09		

(十五)河流

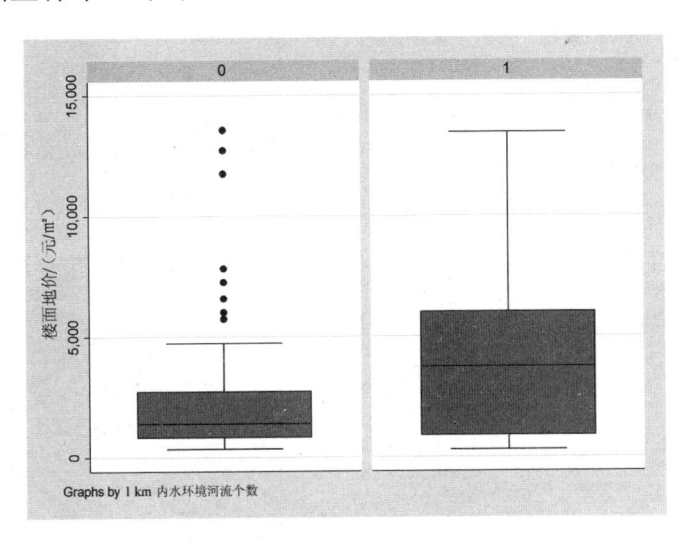

由图 4-16 河流(1 km 范围内)的箱式图可知,商住地块 1 km 范围内有河流的楼面地价的中位数高于没有河流的楼面地价,并对差异进行独立样本 T 检验的进行验证。

图 4-16 河流(1 km 范围内)的箱式图

由表 4-18 的统计结果可知，有河流的楼面地价的均值为 3 673.91元/m²，没有河流的楼面地价的均值为 2 212.79元/m²，独立样本 T 检验的 P 值为 0.000，因此，有河流的楼面地价的均值高于没有河流的楼面地价的均值的差异具有显著的统计学意义。

表 4-18　河流(1 km 范围内)的独立样本 T 检验

指标	选项	样本量/块	均值/(元/m²)	标准差/(元/m²)	T 值	P 值
1 km 范围内河流	无	142	2 212.79	2 229.80	−3.874	0.000
	有	60	3 673.91	2 907.74		

(十六)垃圾站

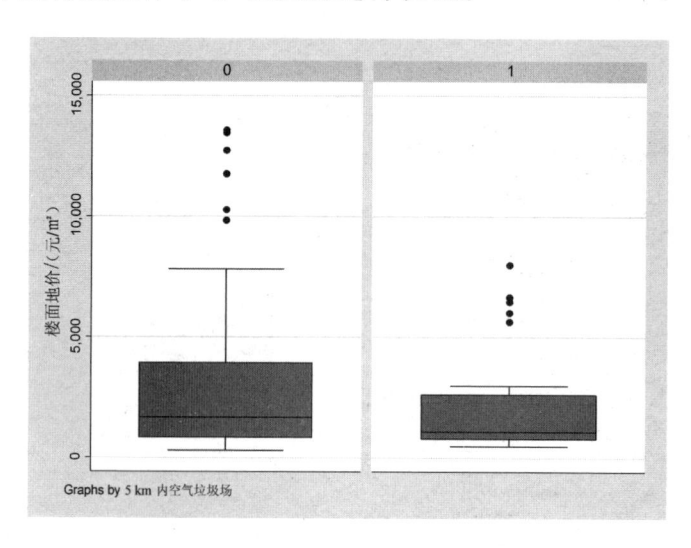

由图 4-17 垃圾站(5 km 范围内)的箱式图可知，商住地块 5 km 范围内没有垃圾站的楼面地价的中位数高于有垃圾站的楼面地价，并对差异进行独立样本 T 检验的进行验证。

图 4-17　垃圾站(5 km 范围内)的箱式图

由表 4-19 的统计结果可知，有垃圾站的楼面地价的均值为 2 145.17元/m²，没有垃圾站的项目楼面地价的均值为 2 724.18 元/m²，独立样本 T 检验的 P 值为 0.270，因此，没有垃圾站的楼面地价的均值高于有垃圾站的楼面地价的均值的差异没有显著的统计学意义。

表 4-19　垃圾站(5 km 范围内)的独立样本 T 检验

指标	选项	样本量/块	均值/(元/m²)	标准差/(元/m²)	T 值	P 值
5 km 范围内垃圾站	无	175	2 724.18	2 572.01	1.106	0.270
	有	27	2 145.17	2 245.09		

三、相关性分析

(一)楼面地价与地块因素相关性

本节以楼面地价(P)、地块面积(lan)、容积率(plo)、绿化率(gre)、建筑密度(bui)、地块形状(blo)进行相关性分析，由表 4-20 的统计结果可知，楼面地价与地块面积的相关系数为 0.089，相关系数的 P 值大于 0.10，说明在 10% 的显著性水平下，楼面地价与地块面积不存在显著的正向关系，即楼面地价主要受到其他因素(例如地段等)的影响，与地块面积的大小并没有直接关系。楼面地价与容积率呈现显著的负向关系，在土地面积一定的条件下，适当提高容积率可以提高房屋的总建筑面积，从而提高商住用地的使用价值。楼面地价与绿化率的关系不显著，楼面地价与地块形状的关系不显著，楼面地价与建筑密度的关系不显著。

表 4-20　楼面地价与地块因素相关性分析

因素	P	lan	plo	gre	bui	blo
P	1					
lan	0.089	1				
plo	−0.122*	0.148**	1			
gre	0.057	−0.122*	−0.073	1		
bui	0.047	−0.041	0.145**	−0.126*	1	
blo	0.053	−0.093	0.033	−0.057	0.014	1

注：* 表示在 $P<0.10$ 水平下显著相关，** 表示在 $P<0.05$ 水平下显著相关，*** 表示在 $P<0.01$ 水平下显著相关；1 代表自身与自身相关性的对角线。

(二)楼面地价与社会及经济因素的相关性

本书以楼面地价、常住人口、户籍人口、2 km 内公交站点数量、5 km 范围内高速路、2 km 内主干道进行相关性分析。由表 4-20 的统计结果可知，楼面地价与常住人口呈现显著的正向关系，即常住人口越多，楼面地价越高。楼面地价与户籍人口的关系不显著，楼面地价与公交数量呈现显著的正向关系，即 2 km 内公交数量越多，公交站点服务就越便利，这个区域的土地楼面地价就越高。楼面地价与高速路的关系不显著。楼面地价与主干道呈现显著的负向关系，即 2 km 范围内的主干道主要目的是交通功能，主干道主要是不能吸引车流、人流等，由于车辆噪声会影响周边的居住环境，因此主干道旁边的楼面地价就低。

表 4-21　楼面地价与社会及经济因素的相关性分析

因素	P	per	hou	tra	hig	mai
P	1					
per	0.118*	1				
hou	0.063	0.737***	1			
tra	0.298***	0.333***	0.478***	1		
hig	0.013	0.139**	0.283***	0.448***	1	
mai	−0.163**	0.224***	0.321***	0.527***	0.400***	1

注：* 表示在 $P<0.10$ 水平下显著相关，** 表示在 $P<0.05$ 水平下显著相关，*** 表示在 $P<0.01$ 水平下显著相关。

(三)楼面地价与经济因素的相关性

本书以楼面地价、出让总价、住宅价格、商铺价格、车位价格进行相关性分析，由表 4-22 的统计结果可知，楼面地价与住宅价格呈现显著的正向关系，即周边住宅价格越高，楼面地价越高。楼面地价与商铺价格相关性系数不显著，楼面地价与车位价格呈现显著的正向关系。

表 4-22　楼面地价与经济因素的相关性分析

因素	P	agg	hous	sho	park
P	1				
agg	0.611***	1			
hous	0.306***	0.228***	1		
sho	0.106	−0.023	0.031	1	
park	0.297***	0.258***	0.548***	0.018	1

注：* 表示在 $P<0.10$ 水平下显著相关，** 表示在 $P<0.05$ 水平下显著相关，*** 表示在 $P<0.01$ 水平下显著相关。

四、回归分析

(一)深中通道开工建设对楼面地价的影响因素分析

上文分析了单个变量对楼面地价的影响，这节主要分析变量的联合影响对楼面地价的影响。由于中山市招拍挂地块中有些年份拍卖较多，有些年份没有，不是平衡面板，所以不加入时间的虚拟变量进行探讨土地增值因素。而且为了检验变量的多重共线性问题，本书采用完整的回归分析结果表格来做分析的报告，没有采用简略的回归表格报告分析。

由变量的描述统计可知，变量存在数量级数的差异，对地块面积、楼面地价、住宅价格、常住人口取自然对数。本书以楼面地价为被解释变量，以深中通道正式施工前后，以及深中通道延长线是否存在出口为解释变量。采用最小二乘法进行拟合(是一种数学优化技术，通过最小误差的平方和寻找数据的最近匹配函数)。由表4-23的统计结果可知，对楼面地价方程进行显著性检验，其 F 值为119.69，对应的 P 值为0.000，P 值小于0.01，说明深中通道对楼面地价的回归方程显著。R^2 为0.546，调整 R^2 为0.542，说明解释变量能够解释楼面地价54%的波动，即深中通道开工建设能够解释对中山市楼面地价的一半以上的波动。从回归系数的显著性检验来看，深中通道正式施工前后(szc-year)的回归系数为1.431，标准误为0.110，T 值为12.96，对应的 P 值为0.000，VIF 值为1.250。VIF 值小于10，说明深中通道正式施工前与深中通道延长线是否存在出口不存在多重共线性的情况。因此，楼面地价与深中通道施工前后呈现显著的正向关系。

从深中通道延长线是否存在出口(szc-area)来看，其 P 值为 0.047，P 值小于 0.05，即楼面地价与深中通道延长线是否存在出口呈现显著的正向关系。从标准化回归系数(β)大小来看，对楼面地价影响最大的为深中通道正式施工前后，其次为深中通道延长线是否存在出口。

表 4-23　深中通道对楼面地价的影响因素分析

P	回归系数	标准误	T 值	P 值	β	VIF	1/VIF
szc-year	1.431	0.110	12.960	0.000	0.691	1.250	0.802
szc-area	0.354	0.177	2.000	0.047	0.096	1.250	0.802
_cons	7.086	0.050	141.300	0.000			
F 值	119.690						
P 值	0.000						
R^2	0.546						
调整 R^2	0.542						

注：β 表示标准化回归系数；VIF 表示容忍度；_cons 表示常数项；F 值表示方程总体检验；P 值对应 F 值的检验，P 值是对应的显著性；R^2 表示自变量对因变量的解释程度。

(二)深中通道、地块因素对楼面地价的影响因素分析

上文分析了深中通道对楼面地价的影响因素模型，这节再加上地块因素，探讨深中通道和地块因素联合对楼面地价的影响。从表 4-24 的统计结果可知，深中通道和地块因素对楼面地价的影响因素方程显著。R^2 为 0.588，调整 R^2 为 0.575，说明加入地块因素后，解释变量对楼面地价波动解释率上升了。

从回归系数的显著性检验来看，深中通道正式施工前后的回归系数为 1.514，P 值为 0.000，说明楼面地价与深中通道正式施工前后呈现显著的正向关系。

深中通道延长线是否存在出口的回归系数为 0.311，P 值为 0.019，P 值小于 0.05，即楼面地价与深中通道延长线是否存在出口在 5% 的显著性水平下呈现显著的正向关系。容积率(plo)的回归系数为 -0.166，P 值为 0.012，P 值小于 0.05，即楼面地价与容积率在 5% 的显著性水平下呈现显著的负向关系。绿化率(gre)的回归系数为 2.443，P 值为 0.049，P 值小于 0.05，即楼面地价与绿化率在 5% 的显著性水平下呈现显著的正向关系。建筑密度(bui)的回归系数为 0.041，P 值为 0.043，P 值小于 0.05，即楼面地价与建筑密度在 5% 的显著性水平下呈现显著的正向关系。地块形状(blo)的回归系数为 0.439，P 值为 0.042，P 值小于 0.05，即楼面地价与地块形状在 5% 的显著性水平下呈现显著的正向关系。

从标准化回归系数(β)大小来看，对楼面地价影响最大的为深中通道正式施工前后，其次为容积率。

表 4-24　深中通道、地块因素对楼面地价的影响因素分析

ln$P$	回归系数	标准误	T 值	P 值	β	VIF	1/VIF
szc-year	1.514	0.109	13.920	0.000	0.731	1.300	0.766
szc-area	0.311	0.132	2.356	0.019	0.084	1.280	0.781

续表

lnP	回归系数	标准误	T值	P值	β	VIF	1/VIF
plo	−0.166	0.065	−2.530	0.012	−0.122	1.100	0.906
gre	2.443	1.232	1.980	0.049	0.093	1.050	0.954
bui	0.041	0.020	2.040	0.043	0.096	1.040	0.960
blo	0.439	0.214	2.050	0.042	0.095	1.010	0.992
_cons	6.143	0.534	11.500	0.000			
F值	46.330						
P值	0.000						
R^2	0.588						
调整R^2	0.575						

(三)深中通道、地块、教育和环境因素对楼面地价影响因素分析

这节再加上教育和环境因素，考虑深中通道、地块、教育和环境因素联合对楼面地价的影响。从表4-25的统计结果可知，深中通道和地块、教育和环境因素对楼面地价的影响因素方程显著。R^2为0.632，调整R^2为0.610，说明加入教育和环境因素后，解释变量对楼面地价波动解释率上升了。

从回归系数的显著性检验来看，深中通道正式施工前后的回归系数为1.495，P值为0.000，说明楼面地价与深中通道正式施工前后呈现显著的正向关系。

从深中通道延长线是否存在出口（szc-area）的回归系数为0.280，P值为0.027，P值小于0.05，即楼面地价与深中通道延

长线是否存在出口在5%的显著性水平下呈现显著的正向关系。

容积率(plo)的回归系数为-0.155，P值为0.019，P值小于0.05，即楼面地价与容积率在5%显著性水平下呈现显著的负向关系。

绿化率(gre)的回归系数为2.142，P值为0.078，P值小于0.10，即楼面地价与绿化率在10%的显著性水平下呈现显著的正向关系。

建筑密度(bui)的回归系数为0.031，P值为0.115，P值大于0.10，即楼面地价与建筑密度的关系不显著。

地块形状(blo)的回归系数为0.488，P值为0.028，P值小于0.05，即楼面地价与地块形状在5%的显著性水平下呈现显著的正向关系。

教育因素(edu)的回归系数为0.693，P值为0.000，P值小于0.05，即楼面地价与教育因素在1%的显著性水平下呈现显著的正向关系。在差异性分析中对教育因素做了划分，把省重点、市重点、普通的中小学和幼儿园做了区分，分析的结果是差异性较大。在回归分析研究中把这些教育因素做了打分，有省重点学校的为100分，有市重点学校的为80分，有普通学校的为60分，然后将权重统一为教育变量，也方便探讨教育因素对楼面地价的影响。

表4-25 深中通道、地块、教育和环境因素对楼面地价影响因素分析

因素	回归系数	标准误	T值	P值	β	VIF	1/VIF
szc-year	1.495	0.114	13.160	0.000	0.730	1.540	0.648

续表

因素	回归系数	标准误	T值	P值	β	VIF	1/VIF
szc-area	0.280	0.126	2.222	0.027	0.075	1.370	0.729
plo	−0.155	0.066	−2.370	0.019	−0.115	1.180	0.845
gre	2.142	1.207	1.770	0.078	0.083	1.100	0.906
bui	0.031	0.020	1.580	0.115	0.073	1.060	0.942
blo	0.488	0.221	2.210	0.028	0.101	1.040	0.959
edu	0.693	0.169	4.110	0.000	0.197	1.150	0.869
par	−0.223	0.097	−2.290	0.023	−0.111	1.170	0.858
hos	−0.100	0.127	−0.790	0.431	−0.038	1.150	0.869
riv	−0.170	0.101	−1.680	0.094	−0.087	1.340	0.744
trs	−0.162	0.125	−1.300	0.195	−0.061	1.110	0.902
_cons	2.816	1.083	2.600	0.010			
F值	28.830						
P值	0.000						
R^2	0.632						
调整R^2	0.610						

2 km内是否有公园(par)的回归系数为−0.223，P值为0.023，P值小于0.05，即楼面地价与2 km内是否存在公园在5%的显著性水平下呈现显著的负向关系。

2 km内是否有医院(hos)的回归系数为−0.100，P值为0.431，P值大于0.10，即楼面地价与2 km内是否存在医院的关系不显著。

2 km 内是否有河流(riv)的回归系数为 -0.170，P 值为 0.094，P 值小于 0.10，即楼面地价与 2 km 内是否存在河流在 10% 的显著性水平下呈现显著的负向关系。

5 km 内是否有垃圾站(trs)的回归系数为 -0.162，P 值为 0.195，P 值大于 0.10，即楼面地价与 5 km 内是否存在垃圾站的关系不显著。

从标准化回归系数(β)大小来看，对楼面地价影响最大的为深中通道正式施工前后，其次为教育因素，再次为容积率。

(四)深中通道、地块、教育和环境、经济对楼面地价影响因素分析

这节再加上经济和交通因素，考虑深中通道、地块、教育和环境、经济和交因素联合对楼面地价的影响。从表 4-26 的统计结果可知，深中通道和地块、教育和环境因素对楼面地价的影响因素方程显著。R^2 为 0.704，调整 R^2 为 0.678，说明加入经济和交通因素后，解释变量对楼面地价波动解释率上升了。

从回归系数的显著性检验来看，深中通道正式施工前后的回归系数为 1.404，P 值为 0.000，P 值小于 0.05，即楼面地价与深中通道正式施工前后在 5% 的显著性水平下呈现显著的正向关系。

深中通道延长线是否存在出口(szc-area)的回归系数为 0.263，P 值为 0.032，P 值小于 0.10，即楼面地价与深中通道延长线是否存在出口在 10% 的显著性水平下呈现显著的正向关系。

容积率(plo)的回归系数为 -0.182，P 值为 0.003，P 值小于 0.05，即楼面地价与容积率在 5% 的显著性水平下呈现显著的负向

第四章 深中通道对城市地产影响分析

关系。

绿化率(gre)的回归系数为2.653，P值为0.021，P值小于0.05，即楼面地价与绿化率在5%的显著性水平下呈现显著的正向关系。

建筑密度(bui)的回归系数为0.033，P值为0.066，P值小于0.05，即楼面地价与建筑密度在10%的显著性水平下呈现显著的正向关系。

地块形状(blo)的回归系数为0.368，P值为0.071，P值小于0.10，即楼面地价与地块形状在10%的显著性水平下呈现显著的正向关系。

教育因素(edu)的回归系数为0.306，P值为0.009，P值小于0.05，即楼面地价与教育因素在1%的显著性水平下呈现显著的正向关系。

2 km内是否有公园(par)的回归系数为-0.117，P值为0.210，P值大于0.10，即楼面地价与2 km内是否存在公园的关系不显著。

2 km内是否有医院(hos)的回归系数为-0.174，P值为0.142，P值大于0.10，即楼面地价与2 km内是否存在医院的关系不显著。

2 km内是否有河流(riv)的回归系数为-0.145，P值为0.122，P值大于0.10，即楼面地价与2 km内是否存在河流的关系不显著。

2 km内是否有垃圾站(trs)的回归系数为-0.155，P值为

0.181，P 值大于 0.10，即楼面地价与 2 km 内是否存在垃圾站的关系不显著。

常住人口（per）的回归系数为 0.943，P 值为 0.000，P 值小于 0.05，即楼面地价与常住人口在 1% 的显著性水平下呈现显著的正向关系。

户籍人口（hou）的回归系数为 −0.276，P 值为 0.047，P 值小于 0.05，即楼面地价与户籍人口在 1% 的显著性水平下呈现显著的负向关系。

1 km 内公交站点数量（tra）的回归系数为 0.088，P 值为 0.029，P 值小于 0.05，即楼面地价与 1 km 内公交数量在 5% 的显著性水平下呈现显著的正向关系

5 km 内高速公路数量（hig）的回归系数为 0.091，P 值为 0.276，P 值大于 0.10，即楼面地价与 5 km 内高速公路数量的关系不显著。

2 km 内主干道路数量（mai）的回归系数为 −0.107，P 值为 0.106，P 值大于 0.10，即楼面地价与 2 km 内主干道路数量的关系不显著。

从标准化回归系数（β）大小来看，对楼面地价影响最大的为深中通道正式施工前后，其次为常住人口，再次为户籍人口。

表 4-26 深中通道、地块、教育、环境、经济对楼面地价影响因素分析

P	回归系数	标准误	T 值	P 值	β	VIF	1/VIF
szc-year	1.404	0.113	12.460	0.000	0.686	1.840	0.544

续表

P	回归系数	标准误	T 值	P 值	β	VIF	1/VIF
szc-area	0.263	0.122	2.156	0.032	0.070	1.430	0.697
plo	−0.182	0.061	−3.000	0.003	−0.135	1.230	0.814
gre	2.653	1.137	2.330	0.021	0.103	1.190	0.843
bui	0.033	0.018	1.850	0.066	0.078	1.090	0.915
blo	0.368	0.203	1.810	0.071	0.076	1.070	0.939
edu	0.306	0.117	2.623	0.009	0.087	1.890	0.528
par	−0.117	0.093	−1.260	0.210	−0.058	1.290	0.778
hos	−0.174	0.118	−1.480	0.142	−0.066	1.200	0.830
riv	−0.145	0.093	−1.550	0.122	−0.074	1.390	0.719
trs	−0.155	0.116	−1.340	0.181	−0.059	1.150	0.866
per	0.943	0.188	5.020	0.000	0.347	2.900	0.345
hou	−0.276	0.138	−2.000	0.047	−0.153	3.550	0.282
tra	0.088	0.040	2.210	0.029	0.140	2.440	0.409
hig	0.091	0.084	1.090	0.276	0.053	1.450	0.690
mai	−0.107	0.066	−1.630	0.106	−0.092	1.930	0.519
_cons	−3.484	1.683	−2.070	0.040			
F 值	26.730						
P 值	0.000						
R^2	0.704						
调整 R^2	0.678						

(五)楼面地价稳健性检验

本书以住宅价格的作为被解释变量,采用最小二乘法进行拟合和稳健性检验。由表 4-27 统计结果可知,住宅价格与深中通道正式施工前后呈现显著的正向关系;住宅价格与深中通道延长线是否存在出口呈现显著的正向关系,其他控制变量的符号基本与楼面地价结论一致。因此,深中通道对住宅价格的影响结果是稳健的。

表 4-27 楼面地价的稳健性检验结果

	(1)	(2)	(3)	(4)
	ln res	ln res	ln res	ln res
szc-year	0.030*	0.025**	0.094**	0.075*
	(0.016)	(0.012)	(0.042)	(0.041)
szc-area	0.315***	0.343***	0.329***	0.274***
	(0.082)	(0.082)	(0.072)	(0.066)
plo		−0.025	−0.049**	−0.044**
		(0.028)	(0.024)	(0.022)
gre		0.790	0.588	0.070
		(0.527)	(0.443)	(0.410)
bui		0.012	0.003	0.004
		(0.009)	(0.007)	(0.007)
blo		−0.149	−0.035	−0.040
		(0.092)	(0.081)	(0.073)
edu			0.608***	0.387***
			(0.062)	(0.071)

第四章　深中通道对城市地产影响分析

续表

	(1)	(2)	(3)	(4)
	ln res	ln res	ln res	ln res
par			−0.040	0.001
			(0.036)	(0.034)
hos			−0.063	−0.088**
			(0.047)	(0.043)
riv			−0.002	0.024
			(0.037)	(0.034)
trs			−0.066	−0.023
			(0.046)	(0.042)
per				0.403***
				(0.068)
hou				−0.286***
				(0.050)
tra				0.036**
				(0.014)
hig				0.062**
				(0.030)
mai				0.053**
				(0.024)
_cons	9.242***	9.718***	6.445***	5.501***
	(0.021)	(0.228)	(0.397)	(0.607)

续表

	（1）	（2）	（3）	（4）
	ln res	ln res	ln res	ln res
N	202	202	192	192
R^2	0.075	0.113	0.423	0.552
调整R^2	0.066	0.085	0.389	0.512
F	8.084	4.127	12.351	13.860
P	0.000	0.001	0.000	0.000

注：* 表示在 $P<0.10$ 水平下显著相关，** 表示在 $P<0.05$ 水平下显著相关，*** 表示在 $P<0.01$ 水平下显著相关；括号内数据为标准误差。

第三节 深中通道开工建设对商住用地增值影响因素分析

在空间自相关模型的统计结果中，由表 4-28 可知，三乡镇在 2015 年和 2018 年都没有招拍挂的土地出让，东凤镇在 2014 年到 2017 年都没有招拍挂的土地出让，东升镇在 2015 年到 2018 年招都没有拍挂的土地出让，大涌镇只有 2012 年招拍挂 1 幅土地出让，在 2013—2018 年都没有招拍挂的土地出让。类似这种情况的镇区还有很多，因此，无法算出这些年份的土地楼面地价。因此，考虑到资料的易得性，以及有些镇区存在连续年份都没有土地出让，有些镇区招拍挂的土地出让数目很多，并且根据现实因素，住宅价格来与土地楼面地价存在密切的关系，住宅价格的高低能够衡量土地增值的大小。本书在空间计量模型采用普通住宅成交均价代替楼面价格来衡量土地增值。

表 4-28 招拍挂商住地块幅数

中山镇区	2012 年	2013 年	2014 年	2015 年	2016 年	2017 年	2018 年	总计
三乡镇	2	1	2	0	1	2	0	8
三角镇	4	6	1	0	2	0	0	13
东凤镇	7	5	0	0	0	0	2	14

续表

中山镇区	2012年	2013年	2014年	2015年	2016年	2017年	2018年	总计
东区	2	4	0	1	0	2	2	11
东升镇	3	6	3	0	0	0	0	12
五桂山	0	0	2	0	1	1	0	4
南区	3	3	0	0	0	1	0	7
南头镇	3	5	2	0	3	11	7	31
南朗镇	4	1	0	0	0	2	0	7
古镇	0	1	3	0	1	2	1	8
坦洲镇	1	3	0	0	0	0	0	4
大涌镇	1	0	0	0	0	0	0	1
小榄镇	0	2	1	0	0	0	0	3
板芙镇	2	0	1	0	2	0	0	5
横栏镇	2	0	0	1	0	1	0	4
民众镇	0	0	0	6	0	0	0	6
沙溪镇	0	1	0	0	0	0	0	1
港口镇	4	1	2	0	1	2	0	10
火炬开发区	3	7	1	2	0	5	4	22
石歧镇	0	3	1	0	0	3	1	8
神湾镇	1	1	1	0	0	0	0	3
西区	4	3	0	1	0	1	1	10
阜沙镇	1	0	0	0	0	0	0	1
黄圃镇	2	5	1	0	0	1	0	9
总计	49	58	21	11	11	34	18	202

第四章 深中通道对城市地产影响分析

一、住宅价格的 Moran's I 指数

在进行空间计量分析时，空间权重的选取是分析的基本条件，本书采用经典的邻接矩阵，当区域 i 和区域 j 相邻，W_{ij} 等于 1；当区域 i 和区域 j 不相邻，W_{ij} 等于 0。本书采用 GEODA 软件和 STATA15.0 对空间资料进行分析，并采用 ROOK 邻近算法计算空间权重矩阵，即区域 i 和 j 拥有共同的边界用 1 表示，否则用 0 表示。中山市 24 个镇区的空间权重矩阵详细见表 4-29。三乡镇相邻的镇区有 4 个，分别为神湾镇、板芙镇、坦洲镇、五桂山。港口镇相邻的镇区有 8 个，分别为阜沙镇、火炬、民众镇、西区、三角镇、东区、东升镇、石岐区，其他类似镇区可以在表 4-28 查知。

表 4-29 中山市 24 个镇区的 rook 空间邻近下三角权重矩阵

镇区	p_1	p_2	p_3	p_4	p_5	p_6	p_7	p_8	p_9	p_{10}	p_{11}	p_{12}	p_{13}	p_{14}	p_{15}	p_{16}	p_{17}	p_{18}	p_{19}	p_{20}	p_{21}	p_{22}	p_{23}	p_{24}
三乡镇	0																							
港口镇	0	0																						
阜沙镇	0	1	0																					
南 区	0	0	0	0																				
沙溪镇	0	0	0	1	0																			
神湾镇	1	0	0	0	0	0																		
横栏镇	0	0	0	0	1	0	0																	
板芙镇	1	0	0	1	0	1	0	0																
坦洲镇	1	0	0	0	0	1	0	0	0															
火 炬	0	1	0	0	0	0	0	0	0	0														
古 镇	0	0	0	0	0	0	0	0	0	0	0													
民众镇	0	1	0	0	0	0	0	0	0	0	1	0												
东凤镇	0	0	1	0	0	0	0	0	0	0	0	0	0											

续表

镇区	p1	p2	p3	p4	p5	p6	p7	p8	p9	p10	p11	p12	p13	p14	p15	p16	p17	p18	p19	p20	p21	p22	p23	p24
南朗镇	0	0	0	0	0	0	0	0	0	1	0	1	0	0										
小榄镇	0	0	0	0	0	0	1	0	0	0	1	0	1	0	0									
黄圃镇	0	0	1	0	0	0	0	0	0	0	0	0	0	0	0	0								
五桂山	1	0	0	1	0	0	0	1	0	0	0	0	0	1	0	0	0							
大涌镇	0	0	0	1	1	0	1	1	0	0	0	0	0	0	0	0	0	0						
西区	0	1	0	0	1	0	0	0	0	0	0	0	0	0	0	0	0	0	0					
三角镇	0	1	1	0	0	0	0	0	0	0	1	0	0	0	0	1	0	0	0	0				
东区	0	1	0	1	0	0	0	0	1	0	0	0	0	1	0	0	1	0	0	0	0			
南头镇	0	0	1	0	0	0	0	0	0	0	0	0	0	0	0	0	0	0	0	0	1	0		
东升镇	0	1	1	0	1	0	1	0	0	0	0	1	0	1	0	0	0	1	0	0	0	0	0	
石岐区	0	1	0	1	1	0	0	0	0	0	0	0	0	0	0	0	0	0	1	0	1	0	0	0

从表 4-30 的 Moran's I 值的结果可知，2011 年的莫兰指数（Moran's I）为 0.228 6，P 值为 0.031，P 值小于 0.05，说明在 5% 的显著性水平下，莫兰指数有统计学意义，即中山市的住宅价格存在空间正向关系，具有空间溢出效应，说明中山市住宅价格存在空间集聚，中心住宅价格对邻近地区住宅价格的具有带动作用和辐射作用。南朗镇的翠亨新区在 2011 年成立，新区的成立助推了当地住宅价格上涨，对中山市的房价产生热点迁移。从分析结果得知 2011 年和 2013 年的莫兰指数也是正向的且显著，说明这些年份的住宅价格呈现空间正相关。而在 2014 年到 2016 年的莫兰指数都不显著，说明在这些年份，住宅价格并不呈现正向关系。

表 4-30　住宅价格 2011 到 2018 年的 Moran's I 值

年份/年	Moran'sI	$E[I]$	均值	标准差	Z 值	P 值
2011	0.228 6	−0.043 5	−0.040 4	0.130 7	2.057 5	0.031 0
2012	0.294 3	−0.043 5	−0.041 4	0.127 0	2.643 2	0.007 0
2013	0.279 5	−0.043 5	−0.040 5	0.125 9	2.540 8	0.010 0
2014	0.130 2	−0.043 5	−0.036 0	0.129 7	1.281 8	0.113 0
2015	0.159 7	−0.043 5	−0.044 8	0.128 5	2.592 8	0.066 0
2016	0.036 7	−0.043 5	−0.050 9	0.123 7	0.708 1	0.231 0
2017	0.327 5	−0.043 5	−0.038 3	0.135 3	2.702 7	0.007 0
2018	0.302 5	−0.043 5	−0.035 7	0.128 8	2.626 1	0.013 0

注：随机检验采用排列模拟 999 次；$E[I]$ 表示期望值。

在 2017 年和 2018 年的莫兰指数又变得显著，而且模型指数达到最大值，说明在 2016 年后，中山市的住宅价格又呈现空间正向关系。出现这种原因可能是因为《珠江三角洲地区城际轨道交通网规划（2009 年修订）》中提及了深中通道存在共享过江通道的可能性，同时 2015 年交通运输部出具（交水函〔2015〕590 号）《交通运输部关于深圳至中山跨江通道开工建设项目航道条件与通航安全影响评价的审核意见》以及在同年国家发展改革委正式批复同意建设深圳至中山跨江通道开工建设，2016 年 12 月 30 日开始实质性施工，从而影响中山市住宅价格的中心转移。

二、住宅价格的 Moran's I 散点图

从莫兰指数可知，中山市住宅价格存在空间上的自相关，但是

各个镇区具体是如何分布的，莫兰指数并没有给出。本书从局部 Moran's I 散点图(图中小圆圈表示镇街个数)将中山市各区域住宅价格水平划分为四个象限的集聚模式：①散点图落在第一象限，表示住宅价格水平高的区域被其他住宅价格水平高的区域包围(HH)(HH 表示：high high 为高高区域)；②落在第二象限，表示住宅价格水平低的区域被其他住宅价格水平高的区域包围(LH)(LH 表示：low high 为低高区域)；③落在第三象限，表示住宅价格水平低的区域被其他住宅价格水平也低的区域包围(LL)(LL 表示：low low 为低低区域)；④落在第四象限，表示住宅价格水平高的区域被其他住宅价格水平低的区域包围(HL)(HL 表示：high low 为低高区域)。

如图 4-18 所示，由 2011 年的 Moran's I 散点图可知，HH 区域的镇区有 7 个镇区，分别为东区、火炬、南区、沙溪镇、石岐、五桂山、西区。LH 区域的镇区有 4 个镇区，分别为东升镇、港口镇、古镇、南朗。LL 区域的镇区有 10 个镇区，分别为大涌镇、东凤镇、阜沙镇、横栏镇、黄圃镇、民众镇、南头镇、三角镇、三乡镇、神湾镇。HL 区域的镇区有 2 个镇区，分别为坦洲镇、小榄镇。

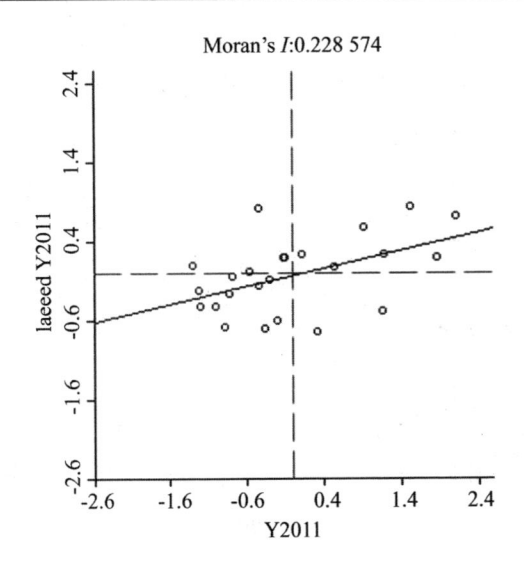

图 4-18　住宅价格 2011 年的 Moran's *I* 散点图

如图 4-19 所示，由 2012 年的 Moran's *I* 散点图可知，HH 区域的镇区有 9 个镇区，分别为东区、港口镇、古镇、火炬、南朗、南区、沙溪镇、石岐、西区。LH 区域的镇区有 1 个镇区，为东升镇。LL 区域的镇区有 10 个镇区，分别为板芙镇、大涌镇、东凤镇、阜沙镇、黄圃镇、民众镇、南头镇、三角镇、三乡镇、神湾镇。HL 区域的镇区有 2 个镇区：分别为坦洲镇、小榄镇。横栏镇位于区间分界交点上。

与 2011 年对比可知，LH 的镇区少了 4 个，南朗、古镇、港口镇从 LH 区进入 HH 区，板芙镇从 LH 区进入 LL 区，说明 2012 年的住宅价格空间上的相关性比 2011 年大，住宅价格的莫兰指数更大了，说明住宅价格的空间相关性比 2011 年更密切，空间相关性增强了。

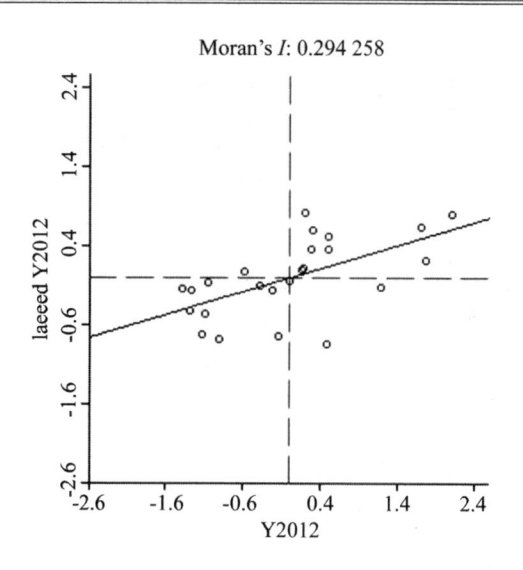

图 4-19 住宅价格 2012 年的 Moran's I 散点图

如图 4-20 所示，由 2013 年的 Moran's I 散点图可知，HH 区域的镇区有 10 个镇区，分别为东区、港口镇、古镇、火炬、南朗、南区、沙溪镇、石岐、五桂山、西区。LH 区域的镇区有 3 个镇区，分别为东升镇、横栏镇、民众镇。LL 区域的镇区有 9 个镇区，分别为板芙镇、大涌镇、东凤镇、阜沙镇、黄圃镇、南头镇、三角镇、三乡镇、神湾镇。HL 区域的镇区有 2 个镇区，分别为坦洲镇、小榄镇。

与 2012 年对比可知，民众镇从 LL 区进入 HL 区，横栏镇从交点进入 HL 区，空间的莫兰指数稍微降低了些。

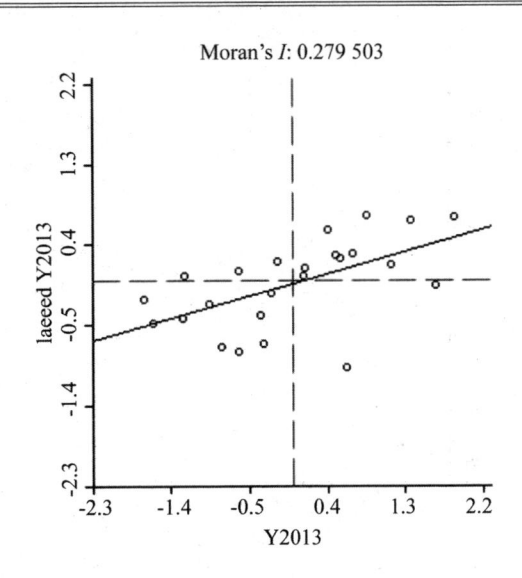

第四章 深中通道对城市地产影响分析

图 4-20 住宅价格 2013 年的 Moran's I 散点图

如图 4-21 所示，由 2014 年的 Moran's I 散点图可知，HH 区域的镇区有 8 个镇区，分别为东区、港口镇、古镇、火炬、南朗、南区、石岐、西区。LH 区域的镇区有 4 个镇区，分别为东升镇、横栏镇、民众镇、神湾镇。LL 区域的镇区有 6 个镇区，分别为板芙镇、大涌镇、阜沙镇、黄圃镇、南头镇、三角镇。HL 区域的镇区有 5 个镇区，分别为东凤镇、三乡镇、沙溪镇、坦洲镇、小榄镇。

与 2013 年对比可知，第二象限和第四象限的镇区变多了，沙溪镇从 HH 区进入 HL 区，三乡镇、东凤镇从 LL 区进入 HL 区，神湾镇从 LL 区进入 LH 区，空间的莫兰指数稍微降低很多，莫兰指数的显著性也变为不显著，说明中山市的住宅中心发生迁移。

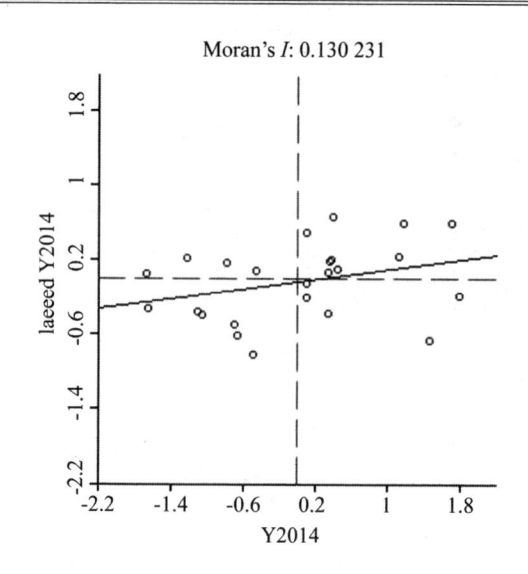

图 4-21　住宅价格 2014 年的 Moran's I 散点图

如图 4-22 所示，由 2015 年的 Moran's I 散点图可知，HH 区域的镇区有 8 个镇区，分别为东区、古镇、火炬、南朗、石岐、五桂山、西区、小榄镇。LH 区域的镇区有 3 个镇区，分别为横栏镇、民众镇、神湾镇。LL 区域的镇区有 9 个镇区，分别为板芙镇、大涌镇、东凤镇、东升镇、阜沙镇、黄圃镇、南头镇、三角镇、沙溪镇。HL 区域的镇区有 4 个镇区，分别为港口镇、南区、三乡镇、坦洲镇。（图 4-22 所示有重合圆圈为不同区或镇的部分住宅价格相同）

与 2014 年对比可知，港口镇从 HH 区进入 HL 区，东升镇从 LH 区进入 LL 区，小榄镇从 HL 区进入 HH 区，东凤镇、沙溪镇从 HL 进入 LL 区，说明中山市的住宅中心还在迁移中。

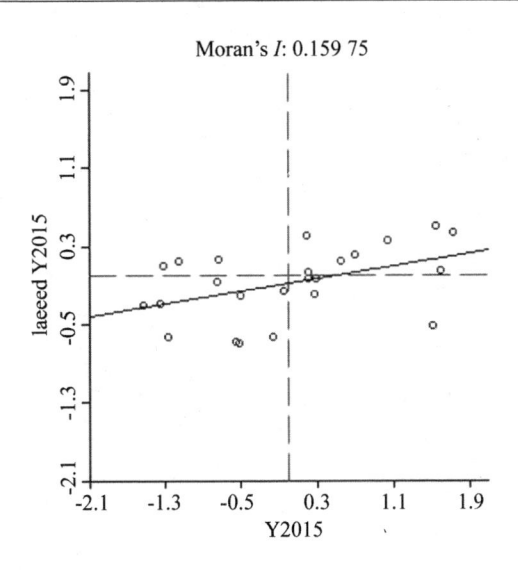

图 4-22 住宅价格 2015 年的 Moran's *I* 散点图

如图 4-23 所示，由 2016 年的 Moran's *I* 散点图可知，HH 区域的镇区有 8 个镇区，分别为东区、古镇、火炬、南朗、石岐、五桂山、西区、小榄镇。LH 区域的镇区有 2 个镇区，分别为民众镇、神湾镇。LL 区域的镇区有 9 个镇区，分别为板芙镇、大涌镇、东凤镇、东升镇、阜沙镇、横栏镇、南头镇、三角镇、沙溪镇。HL 区域的镇区有 3 个镇区，分别为黄圃镇、坦洲镇、港口镇。交点区间有 2 个镇区，分别为南区、三乡镇。

与 2015 年对比可知，横栏镇从 LH 区进入 LL 区，黄圃镇从 LL 区进入 HL 区，小榄镇从 HH 区进入 HL 区，港口镇、南区和三乡镇从 HL 区迁移到交点处，说明中山市的住宅中心还在迁移。

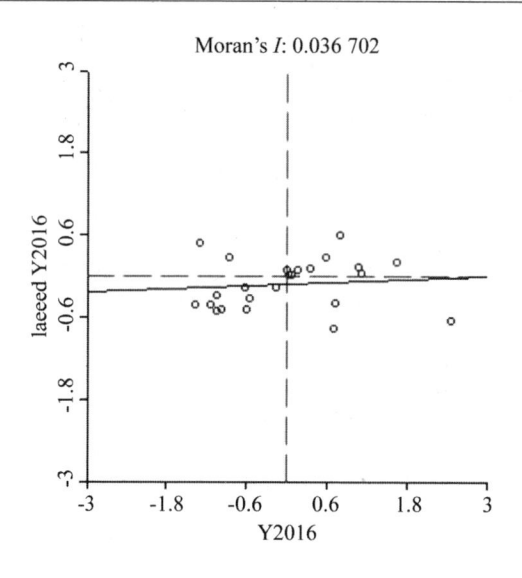

图 4-23 住宅价格 2016 年的 Moran's *I* 散点图

如图 4-24 所示，由 2017 年的 Moran's *I* 散点图可知，HH 区域的镇区有 7 个镇区，分别为东区、火炬、南朗、南区、三乡镇、石岐、五桂山、小榄镇。LH 区域的镇区有 5 个镇区，分别为板芙镇、港口镇、民众镇、沙溪镇、神湾镇。LL 区域的镇区有 10 个镇区，分别为大涌镇、东凤镇、东升镇、阜沙镇、古镇、横栏镇、黄圃镇、南头镇、三角镇、沙溪镇。HL 区域的镇区有 2 个镇区，分别为坦洲镇、西区。

与 2016 年对比可知，古镇、小榄镇从 HH 区进入 LL 区，南区和三乡镇从交点进入 HH 区，板芙镇、沙溪镇从 LL 区进入 LH 区，西区从 HH 区进入 HL 区，黄圃镇从 HL 区进入 LL 区。说明中山市的住宅价格中心从石岐迁移到东区、南朗镇这两个区域。

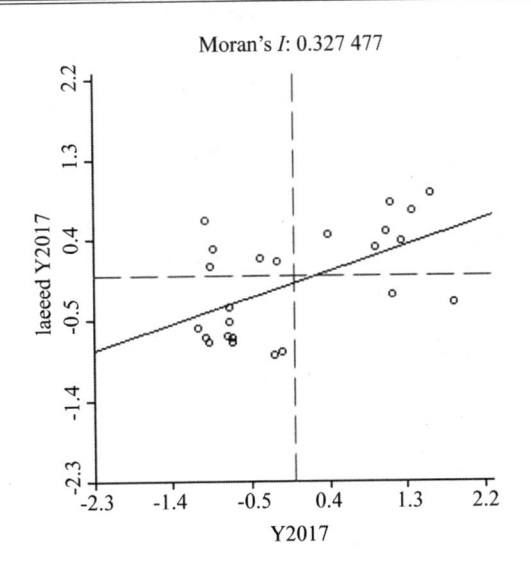

图 4-24　住宅价格 2017 年的 Moran's *I* 散点图

如图 4-25 所示，由 2018 年的 Moran's *I* 散点图可知，HH 区域的镇区有 8 个镇区，分别为东区、港口镇、火炬、南朗、南区、石岐、五桂山、西区。LH 区域的镇区有 2 个镇区，分别为民众镇、神湾镇。LL 区域的镇区有 10 个镇区，分别为板芙镇、大涌镇、东凤镇、东升镇、阜沙镇、古镇、横栏镇、黄圃镇、南头镇、三角镇。HL 区域的镇区有 4 个镇区，分别为三乡镇、沙溪镇、坦洲镇、小榄镇。

与 2017 年对比可知，西区从 HL 区进入 HH 区，板芙镇从 LH 区进入 LL 区、港口镇从 LH 区进入 HH 区，三乡镇从 HH 区进入 HL 区，沙溪镇从 LH 区进入 HL 区。说明中山市房价中心继续向南朗、东区区域集聚。

Moran's *I*: 0.302 508

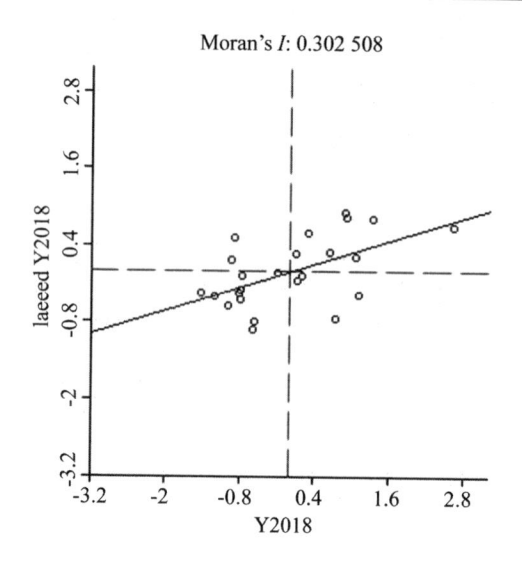

图 4-25 住宅价格 2018 年的 Moran's *I* 散点图

对 2011 年到 2018 年的莫兰散点图进行归纳，得到表 4-30，由表 4-31 的统计结果可以明确地说明中山市住宅价格中心的迁移情况。从石岐逐步向东区、南朗、火炬这些镇区迁移，说明深中通道对中山市的住宅价格存在重大的影响。

表 4-31 逐年的 Moran's *I* 散点图的各镇区分布

年份/年	HH	LH	LL	HL	交点
2011	东区、火炬区、南区、沙溪镇、石岐、五桂山、西区	板芙镇、东升镇、港口镇、古镇、南朗镇	大涌镇、东凤镇、阜沙镇、横栏镇、黄圃镇、民众镇、南头镇、三角镇、三乡镇、神湾镇	坦洲镇、小榄镇	

第四章 深中通道对城市地产影响分析

续表

年份/年	HH	LH	LL	HL	交点
2012	东区、港口镇、古镇、火炬区、南朗、南区、沙溪镇、石岐、五桂山、西区	东升镇	板芙镇、大涌镇、东凤镇、阜沙镇、黄圃镇、民众镇、南头镇、三角镇、三乡镇、神湾镇	坦洲镇、小榄镇	横栏镇
2013	东区、港口镇、古镇、火炬、南朗、南区、沙溪镇、石岐、五桂山、西区	东升镇、横栏镇、民众镇	板芙镇、大涌镇、东凤镇、阜沙镇、黄圃镇、南头镇、三角镇、三乡镇、神湾镇	坦洲镇、小榄镇	
2014	东区、港口镇、古镇、火炬、南朗、南区、石岐、五桂山、西区	东升镇、横栏镇、民众镇、神湾镇	板芙镇、大涌镇、阜沙镇、黄圃镇、南头镇、三角镇	东凤镇、三乡镇、沙溪镇、坦洲镇、小榄镇	
2015	东区、古镇、火炬、南朗、石岐、五桂山、西区、小榄镇	横栏镇、民众镇、神湾镇	板芙镇、大涌镇、东凤镇、东升镇、阜沙镇、黄圃镇、南头镇、三角镇、沙溪镇	港口镇、南区、三乡镇、坦洲镇	
2016	东区、古镇、火炬、南朗、石岐、五桂山、西区、小榄镇	民众镇、神湾镇	板芙镇、大涌镇、东凤镇、东升镇、阜沙镇、横栏镇、南头镇、三角镇、沙溪镇	黄圃镇、坦洲镇、小榄镇	港口镇、南区、三乡镇

续表

年份/年	HH	LH	LL	HL	交点
2017	东区、火炬、南朗、南区、三乡镇、石岐、五桂山	板芙镇、港口镇、民众镇、沙溪镇、神湾镇	大涌镇、东凤镇、东升镇、阜沙镇、古镇、横栏镇、黄圃镇、南头镇、三角镇、小榄镇	坦洲镇、西区	
2018	东区、港口镇、火炬、南朗、南区、石岐、五桂山、西区	民众镇、神湾镇	板芙镇、大涌镇、东凤镇、东升镇、阜沙镇、古镇、横栏镇、黄圃镇、南头镇、三角镇	三乡镇、沙溪镇、坦洲镇、小榄镇	

三、住宅价格的 LISA 集聚图

从莫兰散点图可以知道各个镇区的具体划分，但是并不清楚热点集聚的镇区。本书从 LISA 集聚图可以明确中山市住宅价格中心集聚的迁移情况。（图片中 LISA Cluster Map：zh 表示中山住宅价格 LISA 集聚图；NotSignificant：在 LISA 集聚图中表示不显著的区域用白色显示；High-High 表示文中解释的 HH 区域用灰色显示；Low-Low 表示 LL 区域用黑色显示；Low-High 表示 LH 区域；High-Low 表示 HL 区域）如图 4-26 所示，由住宅价格的 2011 年的 LISA 集聚图可知，高高相邻（HH）有 3 个镇区，分别为东区、南区、石岐。低高相邻（LH）有 1 个镇区为南朗镇。低低相邻（LL）和高低相邻（HL）的镇区没有。说明 2011 年中山市的住宅价格中心在中山市区，即石岐、东区和南区。

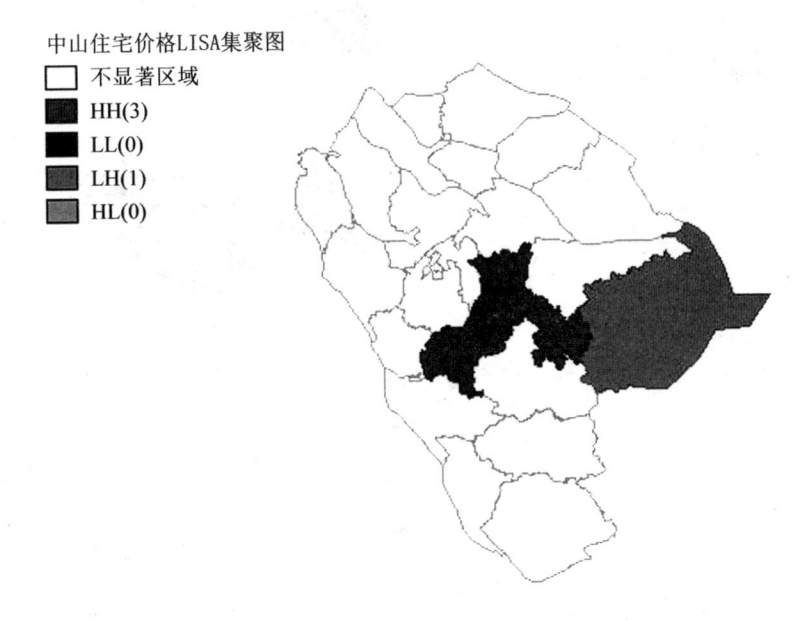

第四章 深中通道对城市地产影响分析

图 4-26 2011 年住宅价格的 LISA 集聚图

如图 4-27 所示，由住宅价格的 2012 年的 LISA 集聚图可知，高高相邻有 4 个镇区，分别为石岐、东区、南区、南朗镇。高低相邻和低高相邻镇区都没有。低低相邻的镇区有 1 个为黄圃镇。在 2011 年 10 月成立的翠亨新区就在南朗镇，这个比较利好的政策消息助推了 2012 年的南朗镇的房价上升。

中山住宅价格LISA集聚图
□ 不显著区域
■ HH(4)
■ LL(1)
▨ LH(0)
▨ HL(0)

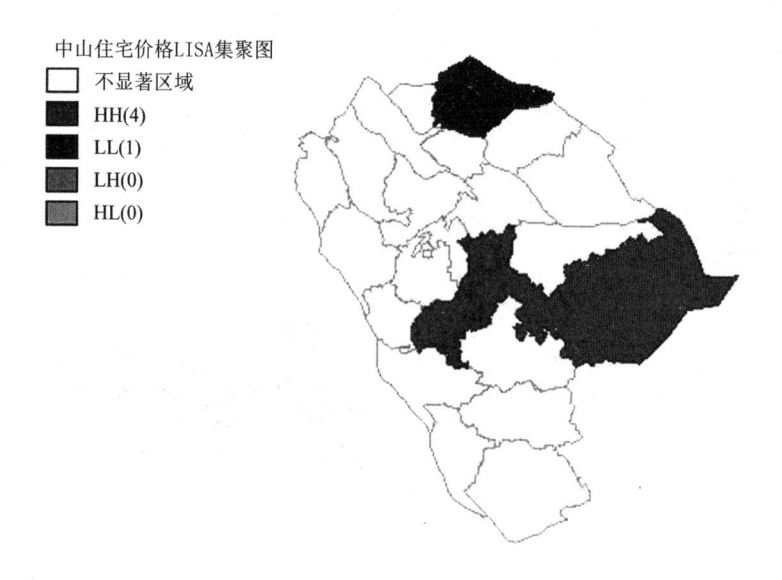

图 4-27　2012 年住宅价格的 LISA 集聚图

如图 4-28 所示，由住宅价格的 2013 年的 LISA 集聚图可知，高高相邻有 2 个镇区，分别为石岐、东区。高低相邻和低高相邻镇区都没有。低低相邻的镇区有 1 个为三角镇。

中山住宅价格LISA集聚图
□ 不显著区域
■ HH(2)
■ LL(1)
▨ LH(0)
▨ HL(0)

图 4-28　2013 年住宅价格的 LISA 集聚图

第四章 深中通道对城市地产影响分析

如图 4-29 所示，由住宅价格的 2014 年的 LISA 集聚图可知，高高相邻有 1 个镇区为东区。高低相邻、低高相邻和低低相邻镇区都没有。

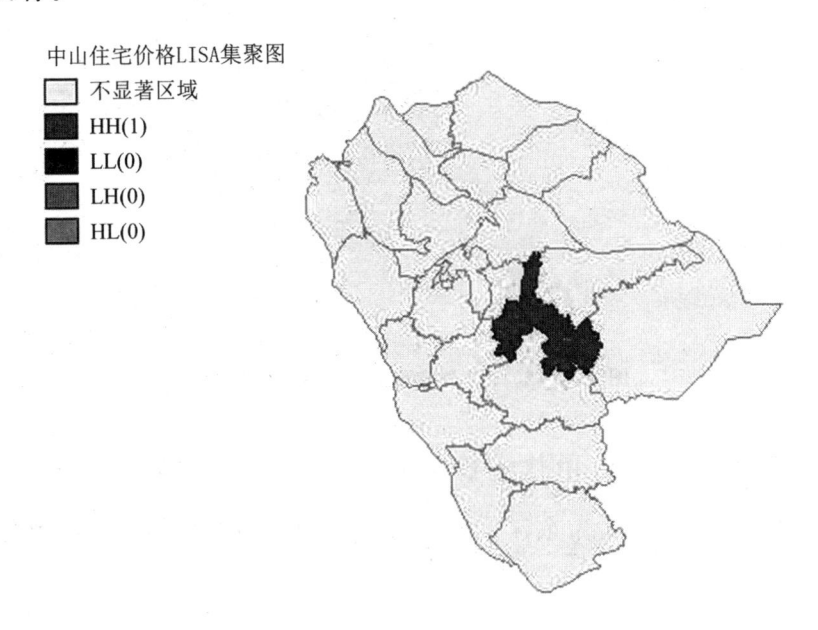

图 4-29 2014 年住宅价格的 LISA 集聚图

如图 4-30 所示，由住宅价格的 2015 年的 LISA 集聚图可知，高高相邻有 1 个镇区为东区。高低相邻、低高相邻和低低相邻镇区都没有。

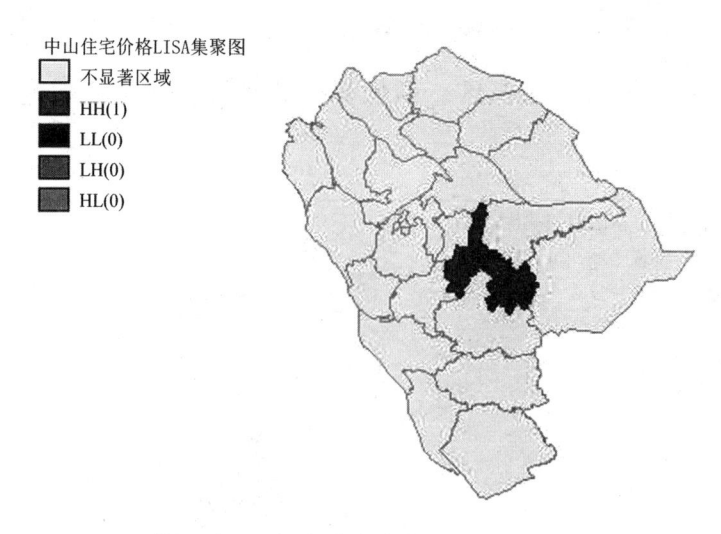

图 4-30　2015 年住宅价格的 LISA 集聚图

如图 4-31 所示，由住宅价格的 2016 年的 LISA 集聚图可知，高高相邻有 1 个镇区为东区。高低相邻、低高相邻和低低相邻镇区都没有。

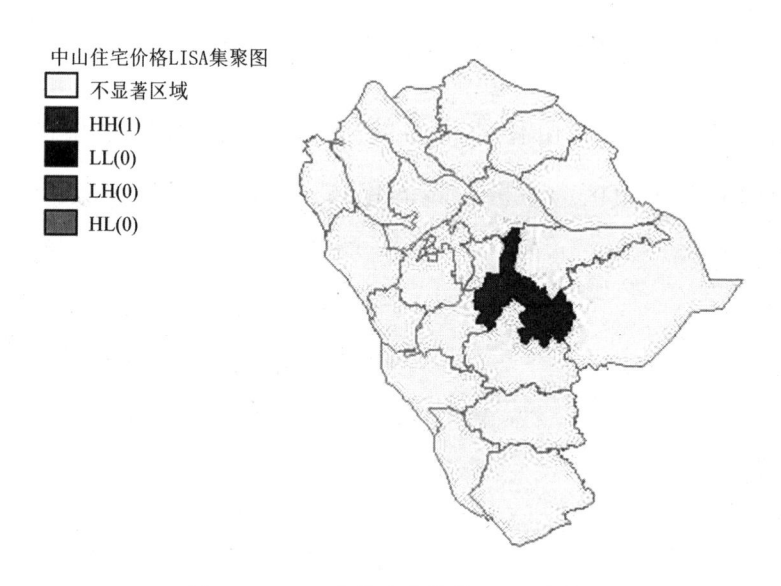

图 4-31　2016 年住宅价格的 LISA 集聚图

第四章　深中通道对城市地产影响分析

如图 4-32 所示，由住宅价格 2017 年 LISA 集聚图可知，高高相邻有 3 个镇区，分别为东区、南朗、五桂山。高低相邻、低高相邻和低低相邻镇区都没有。

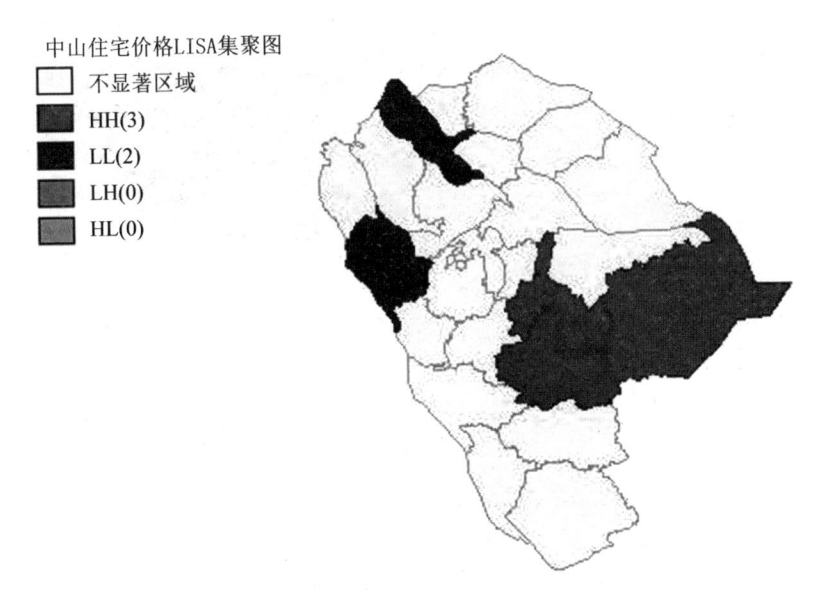

图 4-32　2017 年住宅价格的 LISA 集聚图

如图 4-33 所示，由住宅价格的 2018 年的 LISA 集聚图可知，高高相邻有 5 个镇区，分别为东区、石岐、南朗、五桂山、火炬。高低相邻和低高相邻都没有。低低相邻有 2 个，分别为镇区南头镇、阜沙镇。

中山住宅价格LISA集聚图
☐ 不显著区域
■ HH(5)
■ LL(2)
■ LH(0)
■ HL(0)

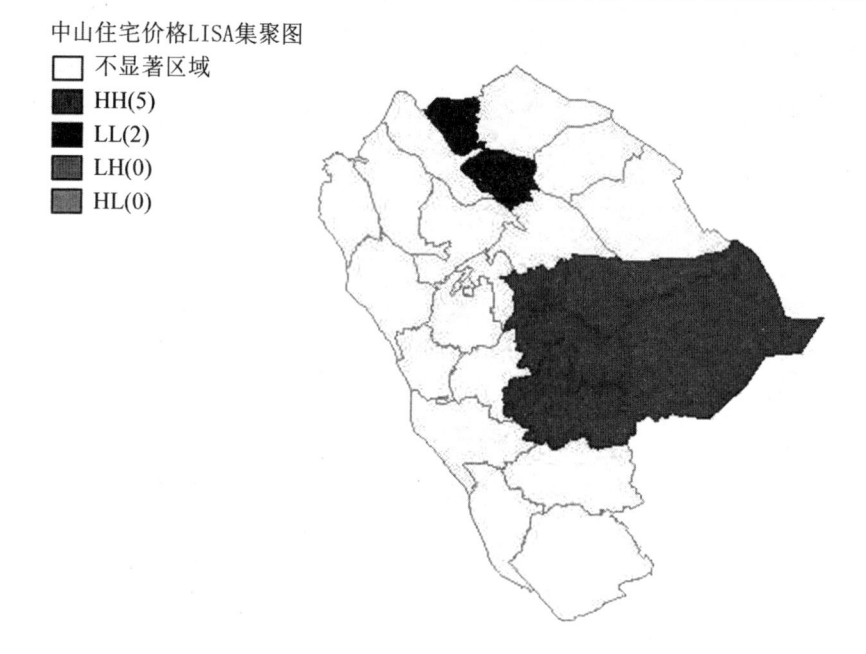

图 4-33　2018 年住宅价格的 LISA 集聚图

对 2011 年到 2018 年的 LISA 集聚图进行归纳得到表 4-31，由表 4-32 的统计结果可以明确地知道中山市住宅价格集聚的迁移情况。从石岐逐步向东区、火炬开发区、南朗、五桂山这部分迁移，说明深中通道对中山市的住宅价格存在重大的影响。

表 4-32　逐年中山住宅价格 LISA 聚集结果

年份/年	HH	LH	LL	HL
2011	东区、南区、石岐	南朗镇		
2012	东区、南区、石岐、南朗镇		黄圃镇	
2013	东区、石岐		三角镇	
2014	东区			

续表

年份/年	HH	LH	LL	HL
2015	东区			
2016	东区			
2017	东区、南朗、五桂山		东凤镇、横栏镇	
2018	东区、石岐、火炬、南朗、五桂山		南头镇、阜沙镇	

四、住宅价格的六分点阵图

莫兰散点图以及 LISA 集聚图清楚地展示了中山市各个镇区的住宅中心迁移情况，下面再用中山市的住宅价格的六分点阵图验证其中心迁移情况。

如图 4-34 所示，由中山市 2011 年的住宅价格的六分点阵图可知，住宅价格最低的第一纵队 4 个镇区(图中用 3325：3754 色块图表示)为板芙镇、阜沙镇、民众镇、神湾镇。第二纵队的 4 个镇区(图中用 3917：4370 色块图表示)为大涌镇、东升镇、横栏镇、三角镇；第三纵队的 4 个镇区(图中用 4555：4754 色块图表示)为东凤镇、黄圃镇、南朗镇、三乡镇；第四纵队的 4 个镇区(图中用 4900：5341 色块图表示)为港口镇、古镇镇、南头镇、沙溪镇；第五纵队的 4 个镇区(图中用 5644：6831 色块图表示)为火炬、南区、坦洲镇、小榄镇；第六纵队的 4 个镇区也是住宅价格最高的区域(图中用 6868：8166 色块图表示)为东区、石岐区、五桂山镇、西区；从图中可以明确地看到中山市的住宅价格中心在石岐区和东区。

Quantile: Y2011
- [3325:3754] (4)
- [3917:4370] (4)
- [4555:4754] (4)
- [4900:5341] (4)
- [5644:6831] (4)
- [6868:8166] (4)

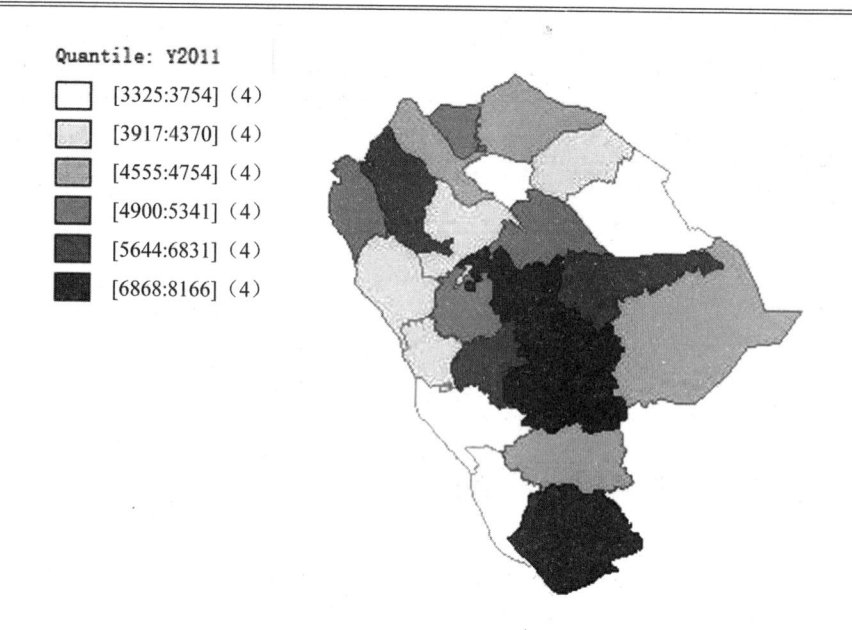

图 4-34　中山市 2011 年住宅价格的六分点阵图

如图 4-35 所示，由中山市 2012 年的住宅价格的六分点阵图可知，住宅价格最低的第一纵队的 4 个镇区(图中用 3692：3940 色块图表示)为板芙镇、大涌镇、三角镇、神湾镇；第二纵队的个镇区(图中用 3977：4477 色块图表示)为东升镇、阜沙镇、黄圃镇、民众镇；第三纵队的 4 个镇区(图中用 4670：5053 色块图表示)为东凤镇、横栏镇、南头镇、三乡镇；第四纵队的 4 个镇区(图中用 5200：5330 色块图表示)为港口镇、南朗镇、沙溪镇、西区；第五纵队的 4 个镇区(图中用 5346：5542 色块图表示)为古镇镇、火炬、南区、坦洲镇；住宅价格最高的第六纵队 4 个镇区(图中用 6217：7126 色块图表示)为东区、石岐区、五桂山镇、小榄镇。从图中可以明确地看到中山市的住宅价格中心在东区。

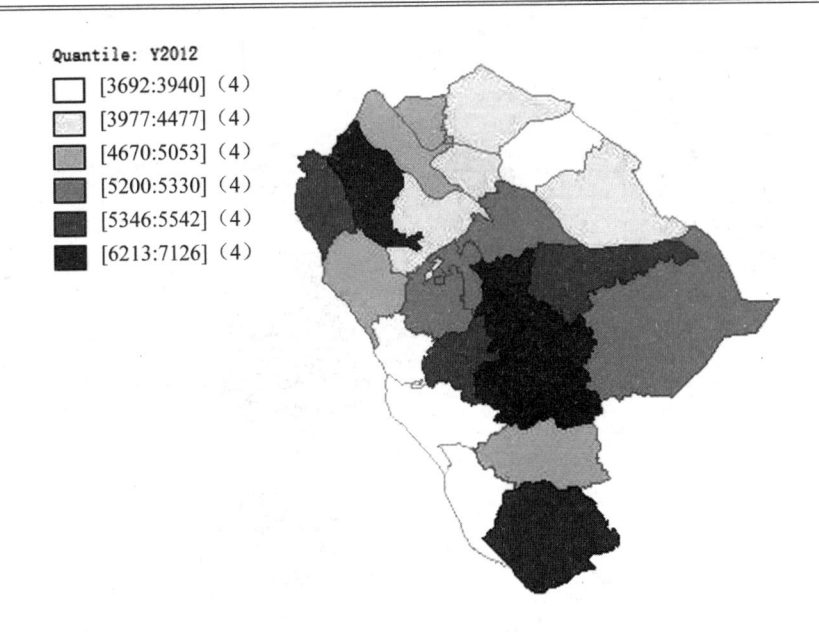

第四章 深中通道对城市地产影响分析

Quantile: Y2012
- [3692:3940] (4)
- [3977:4477] (4)
- [4670:5053] (4)
- [5200:5330] (4)
- [5346:5542] (4)
- [6213:7126] (4)

图 4-35 中山市 2012 年住宅价格的六分点阵图

如图 4-36 所示，由中山市 2013 年的住宅价格的六分点阵图可知，住宅价格最低的第一纵队 4 个镇区(图中用 3577：4014 色块图表示)为板芙镇、阜沙镇、民众镇、神湾镇；第二纵队的 4 个镇区(图中用 4276：4603 色块图表示)为大涌镇、东升镇、黄圃镇、三角镇；第三纵队的 4 个镇区(图中用 4844：5018 色块图表示)为东凤镇、横栏镇、南头镇、三乡镇；第四纵队的四个镇区(图中用 5316：5633 色块图表示)为港口镇、火炬、南朗镇、沙溪镇；第五纵队的 4 个镇区(图中用 5724：6009 色块图表示)为古镇镇、南区、坦洲镇、西区；住宅价格最高的第六纵队 4 个镇区(图中用 6277：6966 色块图表示)为东区、石岐区、五桂山镇、小榄镇。从图中可以明确地看到中山市的住宅价格中心在东区。

```
Quantile: Y2013
  [3377:4014] (4)
  [4276:4608] (4)
  [4844:5018] (4)
  [5316:5668] (4)
  [5724:6009] (4)
  [6277:6966] (4)
```

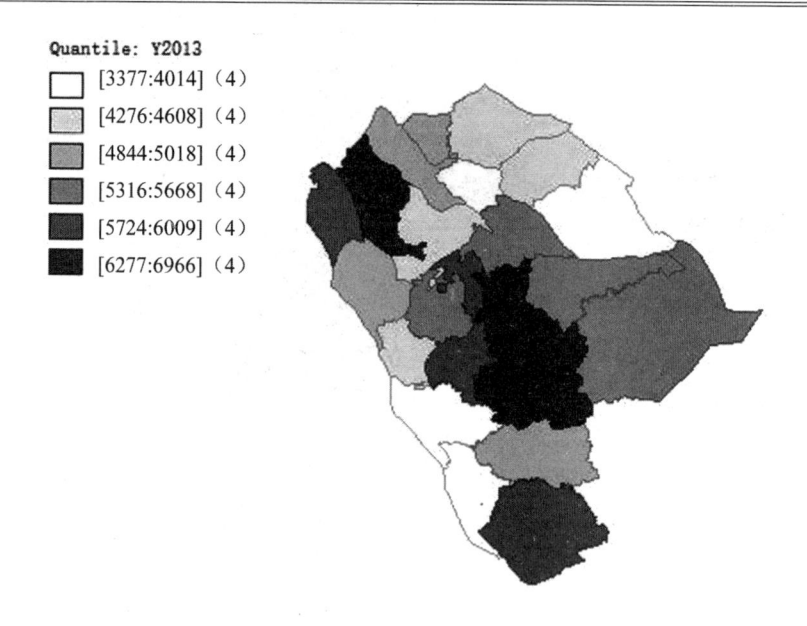

图4-36 中山市2013年住宅价格的六分点阵图

如图4-37所示，由中山市2014年的住宅价格的六分点阵图可知，住宅价格最低第一纵队的4个镇区(图中用3846：4373色块图表示)为板芙镇、阜沙镇、民众镇、神湾镇；第二纵队的4个镇区(图中用4417：4797色块图表示)为大涌镇、东升镇、南头镇、三角镇；第三纵队的4个镇区(图中用4945：5518色块图表示)为东凤镇、横栏镇、黄圃镇、沙溪镇；第四纵队的4个镇区(图中用5518：5747色块图表示)为港口镇、南朗镇、三乡镇、五桂山镇；第五纵队的4个镇区(图中用5768：6467色块图表示)为古镇镇、火炬、南区、西区；住宅价格最高的第六纵队4个镇区(图中用6518：7100色块图表示)为东区、石岐区、坦洲镇、小榄镇。从图中可知，住宅中心不明显。

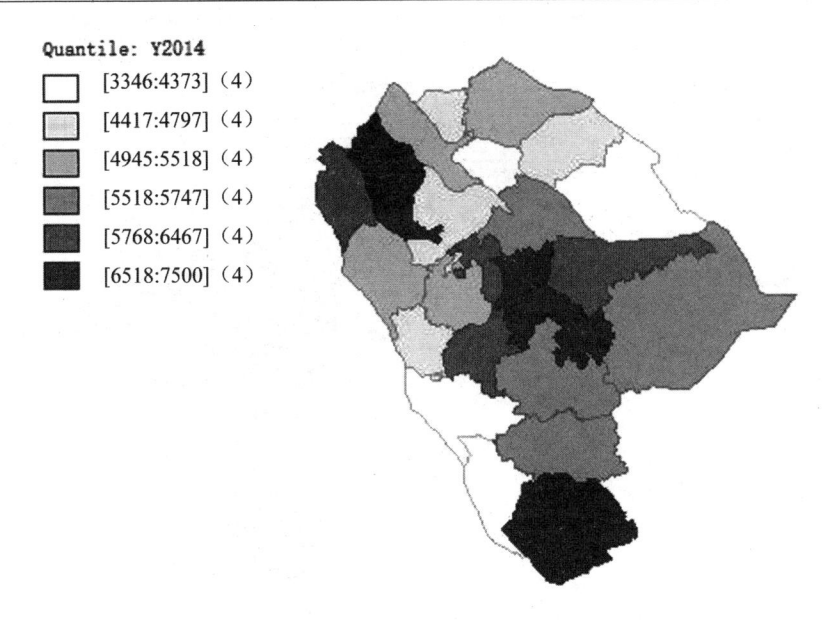

第四章 深中通道对城市地产影响分析

Quantile: Y2014
[3346:4373] (4)
[4417:4797] (4)
[4945:5518] (4)
[5518:5747] (4)
[5768:6467] (4)
[6518:7500] (4)

图 4-37 中山市 2014 年住宅价格的六分点阵图

如图 4-38 所示，由中山市 2015 年的住宅价格的六分点阵图可知，住宅价格最低的第一纵队 4 个镇区（图中用 4048：4294 色块图表示）为板芙镇、大涌镇、阜沙镇、神湾镇；第二纵队的 4 个镇区（图中用 4397：4945 色块图表示）为东升镇、横栏镇、民众镇、三角镇；第三纵队的 4 个镇区（图中用 4981：5426 色块图表示）为东凤镇、黄圃镇、南头镇、沙溪镇；第四纵队的 4 个镇区（图中用 5640：5727 色块图表示）为南朗镇、南区、三乡镇、西区；第五纵队的 4 个镇区（图中用 5732：6437 色块图表示）为港口镇、火炬、石岐区、五桂山镇；住宅价格最高的第六纵队的 4 个镇区（图中用 6870：7062 色块图表示）为东区、古镇镇、坦洲镇、小榄镇。从图中可知，住宅价格中心也不明显。

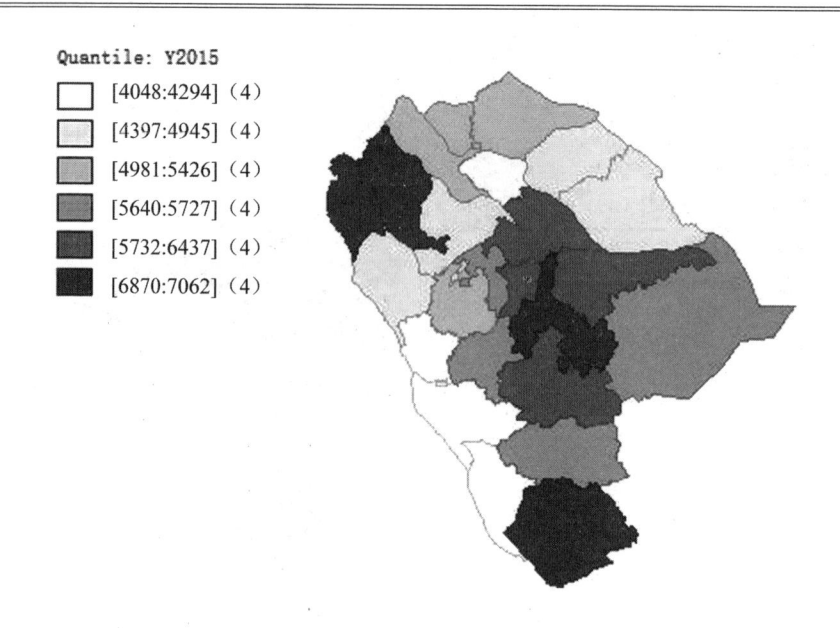

图 4-38　中山市 2015 年的住宅价格的六分点阵图

如图 4-39 所示，由中山市 2016 年的住宅价格的六分点阵图可知，住宅价格最低的第一纵队的 4 个镇区（图中用 4452：4960 色块图表示）为大涌镇、东升镇、阜沙镇、神湾镇；第二纵队的 4 个镇区（图中用 4857：5417 色块图表示）为板芙镇、东凤镇、横栏镇、民众镇；第三纵队的 4 个镇区（图中用 5449：6229 色块图表示）为南头镇、三角镇、三乡镇、沙溪镇；第四纵队的 4 个镇区（图中用6259：6679 色块图表示）为港口镇、南区、五桂山镇、西区；第五纵队的 4 个镇区（图中用 7003：7259 色块图表示）为东区、黄圃镇、南朗镇、小榄镇；住宅价格最高的第六纵队的 4 个镇区（图中用 7621：9459 色块图表示）为古镇镇、火炬、石岐区、坦洲镇；由图可知，住宅价格中心也不明显。

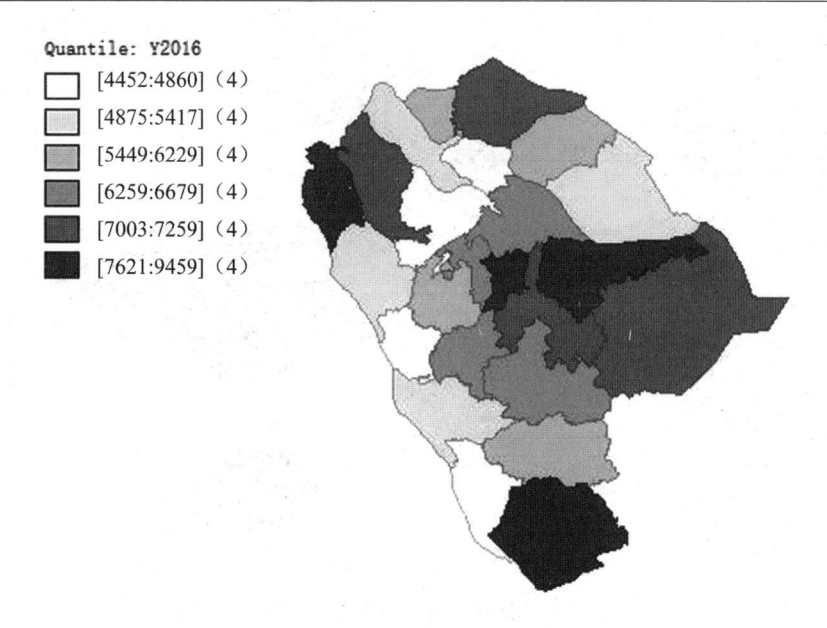

第四章　深中通道对城市地产影响分析

图 4-39　中山市 2016 年的住宅价格的六分点阵图

如图 4-40 所示，由中山市 2017 年的住宅价格的六分点阵图可知，住宅价格最高的第一纵队的 4 个镇区(图中用 6901∶7162 色块图表示)为阜沙镇、横栏镇、三角镇、神湾镇；第二纵队的 4 个镇区(图中用 7184∶7604 色块图表示)为大涌镇、民众镇、沙溪镇、小榄镇；第三纵队的 4 个镇区(图中用 7613∶8320 色块图表示)为板芙镇、东凤镇、东升镇、黄圃镇；第四纵队的 4 个镇区(图中用 8617∶9853 色块图表示)为港口镇、古镇镇、南头镇、三乡镇；第五纵队的 4 个镇区(图中用 1.093e+004∶1.131e+004 色块图表示)为南朗镇、南区、石岐区、西区；住宅价格最高的第六纵队的 4 个镇区(图中用 1.152e+004∶1.271e+004 色块图表示)为东区、火炬、坦洲镇、五桂山镇。由图可知，住宅价格中心在东区。

Quantile: Y2017
- [6901:7162] (4)
- [7184:7604] (4)
- [7613:8321] (4)
- [8617:9853] (4)
- [1.093e+004:1.131e+004] (4)
- [1.152e+004:1.271e+004] (4)

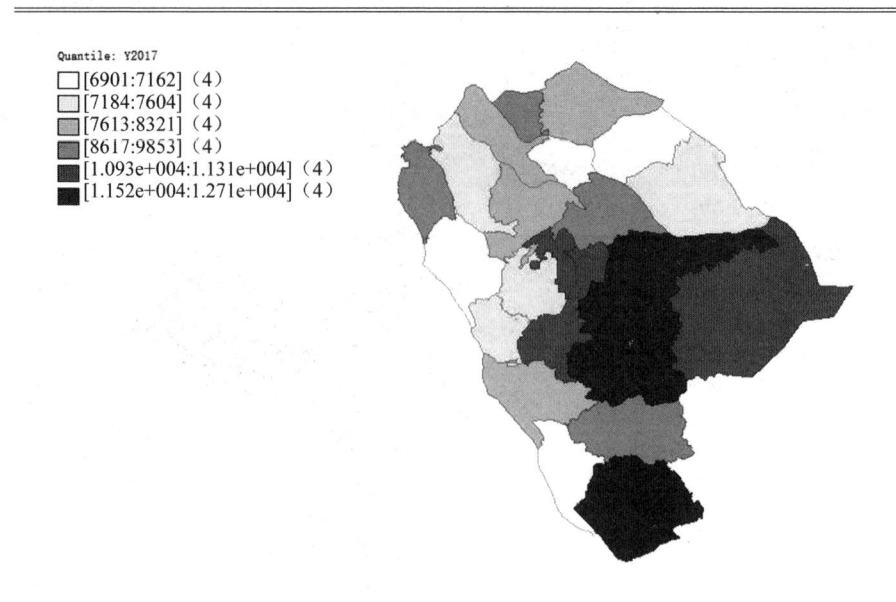

图 4-4.0　中山市 2017 年的住宅价格的六分点阵图

如图 4-41 所示由中山市 2018 年的住宅价格的六分点阵图可知，住宅价格最低的第一纵队的 4 个镇区（图中用 7232：8155 色块图表示）为大涌镇、东凤镇、阜沙镇、神湾镇；第二纵队的 4 个镇区（图中用 8248：8453 色块图表示）为板芙镇、横栏镇、民众镇、三角镇；第三纵队的 4 个镇区（图中用 8482：9546 色块图表示）为东升镇、古镇镇、黄圃镇、南头镇；第四纵队的 4 个镇区为南区、三乡镇、沙溪镇、五桂山镇（图中用 1.013e+004：1.053e+004 色块图表示）；第五纵队的 4 个镇区（图中用 1.114e+004：1.166e+004 色块图表示）为港口镇、南朗镇、石岐区、小榄镇；住宅价格最高的第六纵队的 4 个镇区（图中用 1.195e+004：1.491e+004 色块图表示）为东区、火炬、坦洲镇、西区。由图可知，住宅价格中心在东区和火炬开发区。

第四章　深中通道对城市地产影响分析

```
Quantile: Y2018
  [7232:8155] (4)
  [8248:8453] (4)
  [8482:9546] (4)
  [1.013e+004:1.053e+004] (4)
  [1.114e+004:1.166e+004] (4)
  [1.195e+004:1.491e+004] (4)
```

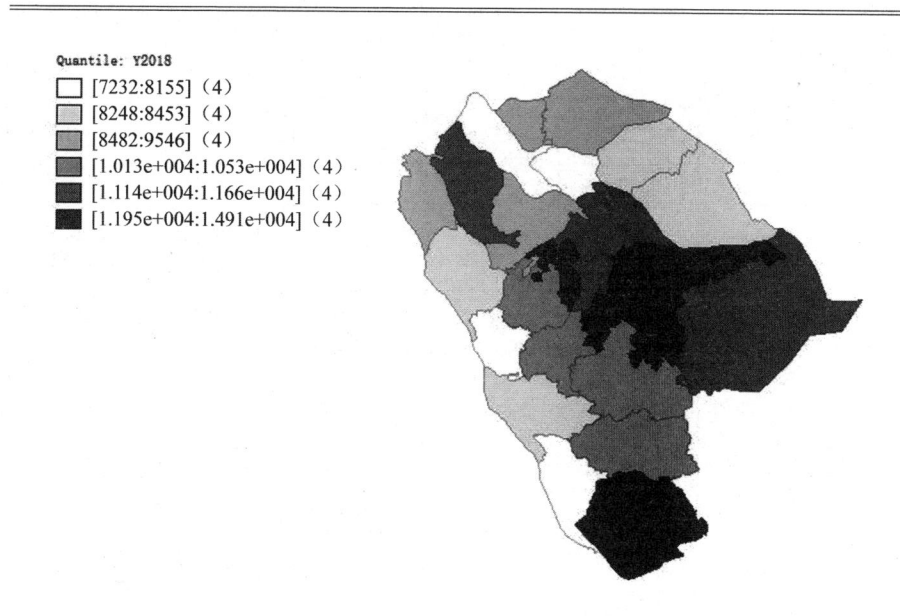

图 4-41　中山市 2018 年住宅价格的六分点阵图

对 2011 年到 2018 年的住宅价格的六分点阵图进行归纳得到表 4-33，由统计结果可以明确地看到中山市住宅价格集聚的迁移情况。从石岐逐步向东区、火炬这部分迁移，从另一个方面说明深中通道对中山市的住宅价格存在重大的影响。

表 4-33　逐年的住宅价格的六分点阵图

年份/年	第一纵队	第二纵队	第三纵队	第四队	第五队	第六队
2011	东区	火炬	港口镇	东凤镇	大涌镇	板芙镇
	石岐区	南区	古镇镇	黄圃镇	东升镇	阜沙镇
	五桂山镇	坦洲镇	南头镇	南朗镇	横栏镇	民众镇
	西区	小榄镇	沙溪镇	三乡镇	三角镇	神湾镇

· 181 ·

续表

年份/年	第一纵队	第二纵队	第三纵队	第四队	第五队	第六队
2012	东区	古镇镇	港口镇	东凤镇	东升镇	板芙镇
	石岐区	火炬	南朗镇	横栏镇	阜沙镇	大涌镇
	五桂山镇	南区	沙溪镇	南头镇	黄圃镇	三角镇
	小榄镇	坦洲镇	西区	三乡镇	民众镇	神湾镇
2013	东区	古镇镇	港口镇	东凤镇	大涌镇	板芙镇
	石岐区	南区	火炬	横栏镇	东升镇	阜沙镇
	五桂山镇	坦洲镇	南朗镇	南头镇	黄圃镇	民众镇
	小榄镇	西区	沙溪镇	三乡镇	三角镇	神湾镇
2014	东区	古镇镇	港口镇	东凤镇	大涌镇	板芙镇
	石岐区	火炬	南朗镇	横栏镇	东升镇	阜沙镇
	坦洲镇	南区	三乡镇	黄圃镇	南头镇	民众镇
	小榄镇	西区	五桂山镇	沙溪镇	三角镇	神湾镇
2015	东区	港口镇	南朗镇	东凤镇	东升镇	板芙镇
	古镇镇	火炬	南区	黄圃镇	横栏镇	大涌镇
	坦洲镇	石岐区	三乡镇	南头镇	民众镇	阜沙镇
	小榄镇	五桂山镇	西区	沙溪镇	三角镇	神湾镇
2016	古镇镇	东区	港口镇	南头镇	板芙镇	大涌镇
	火炬	黄圃镇	南区	三角镇	东凤镇	东升镇
	石岐区	南朗镇	五桂山镇	三乡镇	横栏镇	阜沙镇
	坦洲镇	小榄镇	西区	沙溪镇	民众镇	神湾镇

续表

年份/年	第一纵队	第二纵队	第三纵队	第四队	第五队	第六队
2017	东区	南朗镇	港口镇	板芙镇	大涌镇	阜沙镇
	火炬	南区	古镇镇	东凤镇	民众镇	横栏镇
	坦洲镇	石岐区	南头镇	东升镇	沙溪镇	三角镇
	五桂山镇	西区	三乡镇	黄圃镇	小榄镇	神湾镇
2018	东区	港口镇	南区	东升镇	板芙镇	大涌镇
	火炬	南朗镇	三乡镇	古镇镇	横栏镇	东凤镇
	坦洲镇	石岐区	沙溪镇	黄圃镇	民众镇	阜沙镇
	西区	小榄镇	五桂山镇	南头镇	三角镇	神湾镇

五、空间影响因素回归分析

将普通住宅成交均价(P)作为被解释变量,建立空间杜宾模型、空间滞后模型及空间自回归模型,在影响因素的变量中选取深中通道正式动工前后(szc-year)和是否存在深中通道延长线出口(szc-area)作为解释变量,并选取各个镇区的常住人口(per)、各个镇区的生产总值(GDP),以及商品房成交面积(com)作为控制变量。

(一)相关性分析

深中通道正式动工前后(szc-year)、是否存在深中通道延长线出口(szc-area)、各镇区的常住人口(per)、各镇区的生产总值(GDP)、商品房成交面积(com)的相关性分析,由表4-34的结果可知,相关系数值都小于0.8,因此他们的关系不是非常密切。

表 4-34　各影响因素相关性分析

	per	GDP	com	szc-year	szc-area
per	1				
GDP	0.762 4*	1			
com	0.513 3*	0.553 0*	1		
szc-year	0.018 8	0.140 3	0.021	1	
szc-area	0.158 6*	0.221 2*	0.190 8*	0	1

注：* 表示在 $P<0.05$ 水平下显著相关。

(二)多重共线性诊断

由表 4-34 的回归分析可知，中山房价与深中通道正式动工前后（szc-year）、是否存在深中通道延长线出口（szc-area）、各个镇区的常住人口（per）、商品房成交面积（com）都呈现显著的正向关系，与各个镇区的生产总值（GDP）呈现不显著的正向关系，由表 4-35 的 VIF 检验结果可知，VIF 值都小于 10，因此他们不存在多重共线性的情况。

表 4-35　多重共线性诊断分析

	回归系数	标准误	T 值	P 值	VIF	1/VIF
GDP	0.028	0.047	0.590	0.558	4.740	0.211
per	0.069	0.028	2.465	0.014	4.100	0.244
szc-year	0.338	0.034	9.980	0.000	1.070	0.938
szc-area	0.029	0.012	2.381	0.018	1.060	0.940
com	0.092	0.021	4.360	0.000	1.590	0.629
_cons	6.239	0.340	18.360	0.000		

(三)回归分析

由表 4-36 的 SAR 模型回归结果得知,普通住宅成交均价(P)与各个镇区的常住人口(per)都呈现正向关系。普通住宅成交均价(P)与各个镇区的生产总值(GDP)呈现不显著关系。普通住宅成交均价(P)与商品房成交面积(com)呈现显著的正向关系。普通住宅成交均价(P)与深中通道正式动工前后(szc-year)呈现正向关系。普通住宅成交均价(P)与是否存在深中通道延长线出口(szc-area)呈现显著关系。在空间效应的回归结果中,普通住宅成交均价(P)的空间效应系数都为正值,证实空间溢出效应同样作用于普通住宅的成交均价。

表 4-36 深中通道对住房价格影响的 SAR 结果

	回归系数	标准误	Z	$P>Z$	L95%	U95%
per	0.146	0.060	2.440	0.015	0.029	0.264
GDP	0.017	0.030	0.570	0.569	−0.042	0.076
com	0.025	0.009	2.750	0.006	0.007	0.044
szc-year	0.088	0.022	4.040	0.000	0.046	0.131
szc-area	−0.015	0.006	2.5	0.013	0.003	0.027
_cons	−0.140	0.684	−0.200	0.838	−1.480	1.200
spatial-rho	0.753	0.046	16.510	0.000	0.664	0.843

注:spatial-rho 表示解释变量(房价)的空间影响因素。L95%就是回归系数 95%置信区间的下限,U95%就是回归系数的 95%置信区间的上限。

由表 4-37 的 SEM 模型回归结果得知,普通住宅成交均价(P)

与各个镇区的常住人口(per)都呈现正向关系。普通住宅成交均价(P)与各个镇区的生产总值(GDP)呈现不显著关系。普通住宅成交均价(P)与商品房成交面积(com)呈现显著的正向关系。普通住宅成交均价(P)与深中通道正式动工前后(szc-year)呈现正向关系。普通住宅成交均价(P)与是否存在深中通道延长线出口(szc-area)呈现显著关系。在空间效应的回归结果中，普通住宅成交均价(P)的空间效应系数都为正值，证实空间溢出效应同样作用于普通住宅的成交均价。

表 4-37　深中通道对住房价格影响的 SEM 结果

	回归系数	标准误	Z	$P>Z$	L95%	U95%
P	0.153	0.067	2.300	0.022	0.022	0.284
GDP	0.004	0.033	0.130	0.893	−0.060	0.069
com	0.025	0.009	2.810	0.005	0.008	0.043
szc-year	0.386	0.063	6.160	0.000	0.263	0.509
szc-area	0.040	0.013	3.077	0.002	0.015	0.065
_cons	6.376	0.653	9.770	0.000	5.097	7.655
spatial-lambda	0.763	0.046	16.720	0.000	0.673	0.852

注：spatial-lambda 表示残差空间效应

由表 4-38 的 SDM 模型回归结果得知，普通住宅成交均价(P)与各个镇区的常住人口(per)都呈现正向关系。普通住宅成交均价(P)与各个镇区的生产总值(GDP)呈现不显著关系。普通住宅成交均价(P)与商品房成交面积(ln com)呈现显著的正向关系。普通住宅成交均价（P）与深中通道正式动工前后（szcyear）呈现正向关系。普通住宅成交均价（P）与是否存在深中通道延长线出口（szcarea）呈现显著正向关系。在空间效应的回归结果中，普通住宅成交均价（P）的空间效应系数都显著，而且都是为正值，证实空间溢出效应同样作用于普通住宅的成交均价，且深中通道正式动工前后（szcyear）的空间滞后项显著。

表 4-38　深中通道对住房价格影响的 SDM 结果

	回归系数	标准误	Z	P＞Z	L95％	U95％
per	0.120	0.067	1.790	0.073	−0.011	0.252
GDP	0.011	0.038	0.300	0.766	−0.064	0.087
com	0.031	0.011	2.710	0.007	0.008	0.053
szc-year	0.628	0.136	4.630	0.000	0.362	0.894
szc-area	0.018	0.007	2.571	0.011	0.004	0.032
_cons	2.470	1.740	1.420	0.156	−0.940	5.881
$W_x \cdot$ per	0.195	0.146	1.336	0.183	−0.091	0.481
$W_x \cdot$ GDP	0.195	0.074	2.630	0.009	0.049	0.340
$W_x \cdot$ com	0.006	0.023	0.250	0.804	−0.040	0.051
$W_x \cdot$ szc-year	0.183	0.033	5.500	0.000	0.118	0.248
$W_x \cdot$ szc-area	0.072	0.029	2.483	0.014	0.015	0.129
spatial-rho	0.432	0.088	4.900	0.000	0.260	0.605

注：$W_x \cdot$ per 表示空间权重矩阵乘以人口回归系数，不单独考虑被解释变量的空间效应，也就是空间权重与自变量的回归系数。Hedonic 模型用的是 T 检验，空间计量模型用的是 Z 检验。

六、深中通道开工前后对中山各区域地价和房价影响

(一)中山市区域划分及深中通道主要出口

深中通道从翠亨新区南朗镇马鞍岛连接到中山市区,为了便于进行区域研究,将中山市的 18 个乡镇、6 个街道,划分为 5 个研究区域如表 4-39 所示。其中火炬-翠亨最靠近深中通道且有 4 个出口,包括马鞍岛出口、火炬黎村出口、民众出口、翠亨出口。中心区深中通道的主要出口包括博爱路出口、中山站出口、港口镇出口及中山北站出口;距离北部最近的深中通道主要出口有民众镇出口和港口镇出口;距离西部最近的深中通道出口主要有中山北站出口和港口镇出口;距离南部最近的深中通道出口是翠亨出口。

表 4-39 研究区域划分

序号	研究区域	乡镇或街道
1	火炬-翠亨	南朗镇、火炬开发区、民众镇
2	中心区	东区街道、西区街道、南区街道、五桂山街道、石岐区、港口镇、大涌镇、沙溪镇
3	西部	小榄镇、古镇镇、横栏镇、东升镇
4	北部	三角镇、黄圃镇、南头镇、东凤镇、阜沙镇
5	南部	板芙镇、神湾镇、坦洲镇、三乡镇

(二)深中通道开工后的区域地价分析

1. 中山区域商住土地增值检验

以前面划分的研究区域作为组别,以每亩(1 亩=666.67m²)地

第四章　深中通道对城市地产影响分析

价作为测量指标，进行箱式图分析，如图 4-42 所示，每亩地价数据覆盖 2019 年至 2022 年的数据。

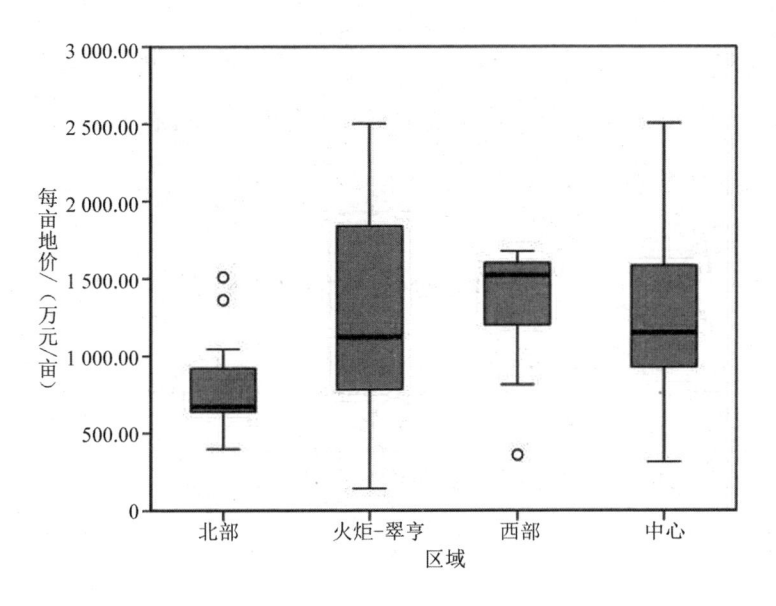

图 4-42　中山市区域每亩地价的箱式图

由图 4-42 可知，火炬-翠亨区域每亩地价的中位数与中心区域基本相同，但上四分位数明显高于中心区域，也就是中心区域内有些地块的地价明显高于中心区。这与火炬-翠亨区域处在紧接深中通道的位置有关，以及在该区域有四个深中通道出口有关（马鞍岛出口、火炬黎村出口、民众出口、翠亨出口）。北部区域的地价整体相对较低，这与其既不处于中心城区，又无深中通道出口有关，其最近的深中通道出口是中心区域的港口镇出口和火炬-翠亨区域的民众镇出口。西部区域距离中心城区的 2 个深中通道出口（中山北站出口、港口镇出口）较近，地价也处于相对较高水平。因此，该区域深中通道出口数量和距离深中通道的远近这两个因素会对区域地价造成显著的影响。

2. 区域商住土地价格检验

由表 4-40 的统计结果可知，区域地价的样本量有 73 个，因为方差不齐，所以采用 WELCH 检验。WELCH 检验的 F 值为 7.161，P 值<0.001，说明区域地价之间的差异具有非常显著的统计学意义。

表 4-40　区域地价的 WELCH 检验

单位：万元/亩

指标	选项	样本量/块	均值	标准差	F 值	P 值
区域	火炬-翠亨	23	1 322.52	726.90	7.161	<0.001
	中心	24	1 242.64	626.42		
	西部	9	1 314.06	451.3		
	北部	17	788.36	291.11		
合计		73	1 160.62	608.66		

3. 区域土地成交量

区域以前面划分的研究区域作为组别，以成交总价作为测量指标，进行箱式图分析，如图 4-43 所示，地价数据覆盖 2019 年至 2022 年的数据。由图 4-44 可知，火炬-翠亨的商住用地成交最多且差异最大，这种现象反映出该区域 4 个深中通道出口且处在深中通道前端，拉动了区域成交总价，尤其是深中通道出口附近的地块。这与前面分析的结论是一致的。

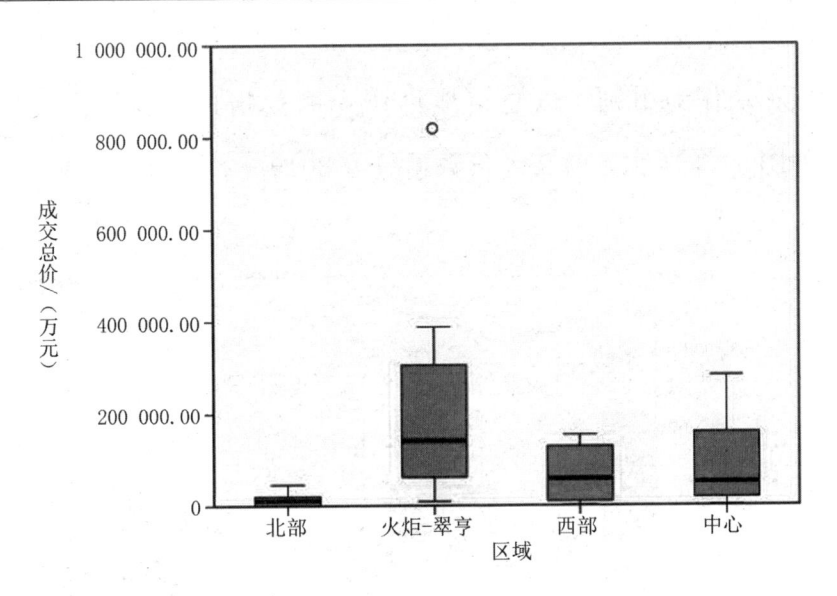

第四章 深中通道对城市地产影响分析

图 4-43 中山市区域成交总价的箱式图

4. 住宅均价分析

由表 4-41 的统计结果可知，区域地价的样本量有 73 个，因为方差不齐，所以采用 WELCH 检验。WELCH 检验的 F 值为 137.769，P 值<0.001，说明区域成交总价之间的差异具有非常显著的统计学意义。

表 4-41 区域成交总价的 WELCH 检验

单位：万元/m²

指标	选项	样本量/块	均值	标准差	F 值	P 值
区域	火炬-翠亨	23	194 989.17	186 364.25	137.769	<0.001
	中心	24	82 294.82	87 193.45		
	西部	9	75 488.97	56 942.66		
	北部	17	14 580.00	15 031.75		
合计		73	98 883.30	133 960.69		

(三)深中通道施工后的板块地价分析

以板块作为组别,以每亩地价作为测量指标,进行箱式图分析,如图 4-44 所示,每亩地价数据覆盖 2019—2022 年的数据。

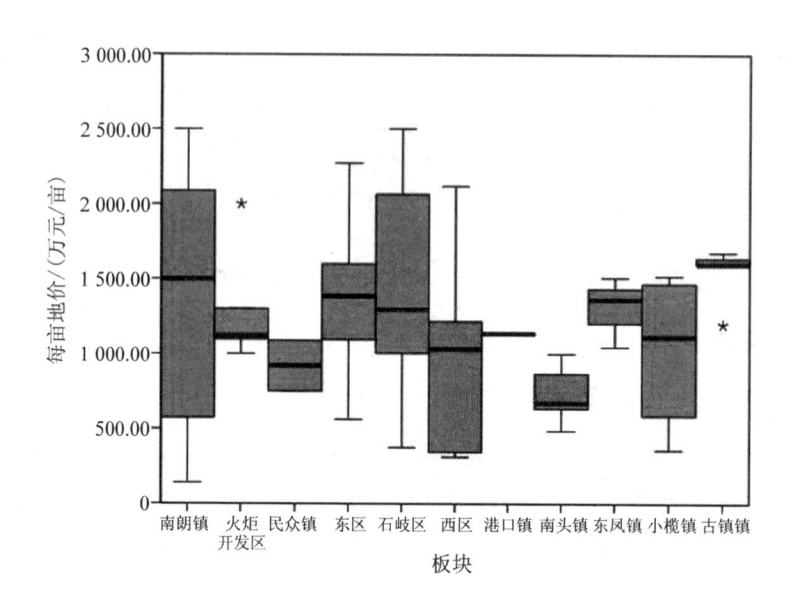

图 4-44 中山市板块每亩地价的箱式图

由图 4-44 可知,南朗镇中位数相对较高,同时地价差异较大,这与南朗镇处在深中通道前且面积相对较大有关,在靠近 4 个深中通道出口的地价相对较高,距离深中通道出口较远的地方地价相对低。石岐区街道地价中位数虽然低于南朗镇,但是地价总体处在相对高的水平,除了石岐区街道处在市中心区域因素外,更重要的因素是该板块紧挨着中山北站出口。

古镇镇地价相对较高,可能与其地处西江边上有关。中位数处在第 3 的是东区街道,除了该板块处在市中心区域因素外,还有距离深中通道中山站出口大约 6 km,比石岐区街道距离深中通道出口

第四章 深中通道对城市地产影响分析

要远一些,所以地价总体会低于同是市中心区域的石岐区街道。西区街道距离深中通道中山北站出口 10 km 左右,地价总体低于东区街道。因此,可以看出距离深中通道出口越近地价越高,越远越低。

由表 4-42 的统计结果可知,板块地价的样本量有 73 个,因为方差不齐,所以采用 WELCH 检验。WELCH 检验的 F 值为 8.264,P 值<0.001,说明板块地价之间的差异具有非常显著的统计学意义。

表 4-42 板块每亩地价的 WELCH 检验

单位:万元/亩

指标	选项	样本量/块	均值	标准差	F 值	P 值
板块	南朗镇	16	1 378.61	838.18	8.264	<0.001
	火炬开发区	5	1 304.02	403.85		
	民众镇	2	920.01	240.42		
	东区	6	1 384.19	575.74		
	石岐区	8	1 451.97	708.43		
	西区	8	953.33	620.20		
	港口镇	2	1 137.91	6.46		
	南头镇	14	714.21	167.91		
	东凤镇	3	1 305.33	237.12		
	小榄镇	4	1 027.47	543.79		
	古镇镇	5	1 543.33	194.55		
合计		73	1 177.84	607.43		

以划分的板块作为组别，以成交总价作为测量指标，进行箱式图分析，如图 4-45 所示，每亩地价数据覆盖 2019 年至 2022 年的数据。

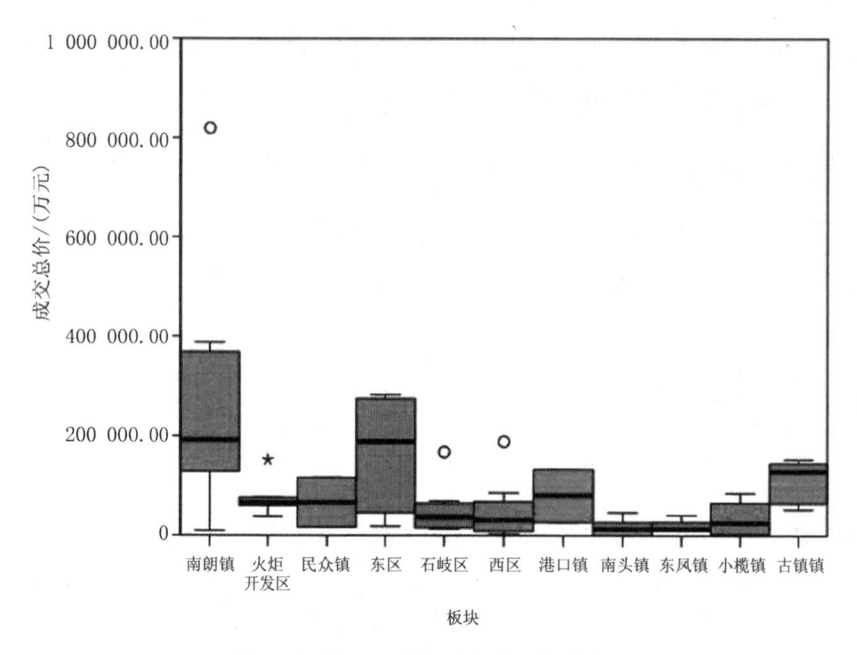

图 4-45　中山市板块成交总价的箱式图

由图 4-45 可知，南朗镇的成交最多且差异最大，这种现象反映出该板块 4 个深中通道出口且处在深中通道前端，拉动了该板块成交总价，并且由于南朗镇面积较大，距离深中通道出口远近不同，地价差异较大。这与前面分析的结论是一致的。其次，东区街道板块成交也较为活跃，该板块距离深中通道中山站出口约为 6 km，虽然比石岐区街道距离深中通道出口要远一些，但是土地供应量高于石岐区街道，所以成交总价高于石岐区街道。

由表 4-43 的统计结果可知，区域地价的样本量有 73 个，因为方差不齐，所以采用 Brown-Forsythe 检验。Brown-Forsythe 检验的 F 值为 8.54，P 值 <0.001，说明板块成交总价之间的差异具有非常显著的统计学意义。

表 4-43 板块成交总价的 Brown-Forsythe 检验

单位：万元

指标	选项	样本量/块	均值	标准差	F 值	P 值
板块	南朗镇	16	247 609.70	200 958.08	8.54	<0.001
	火炬开发区	5	78 237.27	43 611.43		
	民众镇	2	65 904.73	70 303.41		
	东区	6	166 577.95	113 746.94		
	石岐区	8	51 446.22	52 204.91		
	西区	8	50 561.29	62 279.15		
	港口镇	2	79 774.03	75 087.30		
	南头镇	14	14 247.93	15 754.43		
	东凤镇	3	21 611.87	16 650.07		
	小榄镇	4	34 040.01	39 416.50		
	古镇镇	5	108 648.07	47 193.97		
合计		73	101 418.28	134 905.94		

数据来源：中山市自然资源局。

(四)深中通道开工前后的商品房成交分析

2008 年至 2022 年中山市商品房销售数据如表 4-44 所示，商品房销售均价走势如图 4-46 所示。

表 4-45 中山市历年商品销售数据

类别	2008年	2009年	2010年	2011年	2012年	2013年	2014年	2015年
销售面积/万 m²	548.6	569.3	587.4	586.4	615.0	798.8	727.4	1 040.1
销售金额/亿元	247.6	289.2	309.7	348.0	322.0	458.5	420.1	595.9
均价/(元/m²)	4 768	5 014	5 273	5 936	5 235	5 740	5 775	5 729
类别	2016	2017	2018	2019	2020	2021	2022	
销售面积/万 m²	1 027.6	874.8	737.5	692.92	697.65	602.23	506.88	
销售金额/亿元	737.4	884.7	817.9	795.13	831.32	738.31	562.63	
均价/(元/m²)	7 176	10 113	11 090	11 475	11 916	12 260	11 100	

数据来源：中山市统计局。

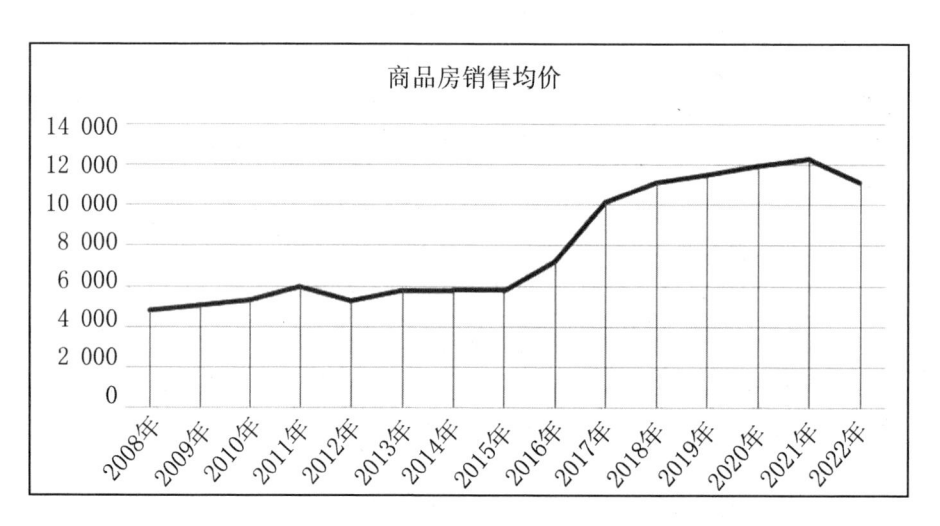

图 4-46 中山市2008—2022年商品销售均价走势

由图 4-46 可知，2008 年至 2015 年商品房销售均价较为平稳，2016 年商品房均价有一个明显的增长，2017 年相对 2016 年又有大幅增长，之后一直到 2021 年呈现平稳增长态势。在 2016 年，深中通道的批复文件正式下达中山，4月深中通道顺利完成勘察设计合同签约，2016年12月28日正式开工建设。因此，2016年中山商品房成交增长除了受到当地城市房地产政策利好及周边珠三角六大城市均出台调控措施的利好因素影响外，深中通道消息的进一步落地也起到了一定的作用。而在2017年中央正式批复成立粤港澳大湾区的利好政策，随着深中通道的开工建设迅速带动中山商品房销售均价的大幅增长。因此，深中通道的开工建设对中山商品房销售均价增长具有显著的影响。

第五节　本章小结

一、中山市商住用地增值影响因素分析

(一)差异性分析结论

(1)深中通道正式施工后的楼面地价均值高于深中通道正式施工前。

(2)深中通道正式施工后,有深中通道延长线出口的区域楼面地价均值高于无深中通道延长线出口。

(3)有省重点中学的地块楼面地价均值高于没有省重点中学。

(4)有普通中学的地块楼面地价均值低于没有普通中学的楼面地价的均值。

(5)有省重点小学的地块楼面地价均值高于没有省重点小学的楼面地价的均值。

(6)有省重点小学的地块楼面地价均值高于没有省重点小学的楼面地价的均值。

(7)有普通小学的地块楼面地价均值低于没有普通小学的楼面地价的均值。

(8)有市重点幼儿园的地块楼面地价均值高于没有市重点幼儿园的楼面地价的均值。

(9)有重点幼儿园的地块楼面地价均值高于没有市重点幼儿园的楼面地价的均值。

(10)没有普通幼儿园的地块楼面地价均值高于有普通幼儿园的楼面地价的均值。

(11)没有医院的地块楼面地价均值高于有医院的楼面地价的均值。

(12)有河流的地块楼面地价均值高于没有河流的楼面地价的均值。

(二)相关性分析结论

(1)楼面地价与容积率的呈现显著的负向关系。

(2)楼面地价与常住人口呈现显著的正向关系。

(3)楼面地价与公交数量呈现显著的正向关系。

(4)楼面地价与主干道呈现显著的负向关系。

(5)楼面地价与住宅价格呈现显著的正向关系。

(6)楼面地价与车位价格呈现显著的正向关系。

(三)回归分析结论

由于单纯考虑深中通道开工建设对楼面地价的影响,以及深中通道开工建设、地块因素,教育和环境、经济和交通这几个回归结果是相同的,而且稳健性检验结果也一致。因此,本书以深中通道开工建设、地块、教育和环境、经济和交通因素对楼面地价的影响的结果作为结论。

(四)Hedonic影响因素模型结论

(1)楼面地价与深中通道正式施工前后呈现显著的正向关系,

即在第三章第三节第四点 Hedonic 模型的假设 1 得到验证。

(2)楼面地价与深中通道延长线是否存在出口呈现显著的正向关系，即假设 2 得到验证。

(3)楼面地价与容积率呈现显著的负向关系，即假设 3 得到验证。

(4)楼面地价与地块形状呈现显著正向关系，即假设 4 得到验证。

(5)楼面地价与教育因素呈现显著正向关系，即假设 5 得到验证。

(6)楼面地价与 2 km 内是否存在医院的关系不显著，即假设 6 没有得到验证。

(7)楼面地价与 5 km 内是否存在垃圾站的关系不显著，即假设 7 没有得到验证。

(8)楼面地价与常住人口呈现显著的正向关系，即假设 8 得到验证。

(9)从标准化回归系数(β)大小来看，对楼面地价影响最大的为深中通道正式施工前后，其次为常住人口，最后为户籍人口。

二、深中通道开工建设对中山土地增值影响因素分析

(1)2012 年和 2013 年的莫兰指数是正向的且显著，说明这些年份的住宅价格呈现空间正相关。

(2)从中山市住宅价格集聚的迁移情况来看，石岐逐步向东区、南朗、五桂山这部分迁移，说明深中通道开工建设对中山市的住宅

第四章　深中通道对城市地产影响分析

价格存在重大的影响。

(3)从中山市住宅价格四分点阵图来看,最高价格的镇区基本为石岐、南朗、火炬、港口,从另一个方面说明深中通道对中山市的住宅价格存在重大的影响。

(4)在空间影响因素模型中得到以下结论:

①普通住宅成交均价(P)与深中通道正式动工前后(szc-year)在SAR模型、SEM模型和SDM模型中都呈现正向关系,在第三章第四节第五点空间计量模型的假设1得到验证;

②普通住宅成交均价(P)与是否存在深中通道延长线出口(szc-area)在SAR、SEM模型和SDM模型中都呈现正向关系,即假设2得到验证;

③普通住宅成交均价(P)与各个镇区的常住人口(per)在SAR、SEM模型和SDM模型中都呈现正向关系,即假设3得到验证;

④普通住宅成交均价(P)与各个镇区的生产总值(GDP)在SAR、SEM模型和SDM模型中都呈现不显著关系,即假设4没有得到验证;

⑤普通住宅成交均价(P)与商品房成交面积(com)在SAR、SEM和SDM模型中都呈现显著的正向关系,即假设5得到验证。

第五章　结论与展望

第一节　主要研究成果

国内对商住用地增值的影响研究参考文献比较少,使用空间计量以及 Hedonic 模型研究文献相对而言更少。这些模型通过求取偏导数的方法来测算土地特征的边际增值量,从而实现对土地特征隐含价格的挖掘,再加上测算方法须以土地增值作为因变量来进行建模,也就可以规避交易样本缺乏这一问题,从而使这成为突显的优势。在特定时期内选,择具备交易样本的变量在此基础上展开研究,才能将土地增值量确定为因变量,还能减少搜集特征资料的困难度。用此模型的缺点就是该类样本出现在经济活动频繁发生时,其他时间段样本难以采集。本书使用 Hedonic 模型和空间计量模型打破传统分析框架对商住用地增值因素做研究,使得单块土地特征对土地增值所产生的效果得到充分的研究分析,从而为后续的应用研究提供参考基础。

第五章 结论与展望

针对中山市土地市场规范地鉴别土地价格特征变量及土地增值影响因素，首先，以中山市2012—2022年275块商住用地项目招拍挂楼面地价和2011—2022年24个镇街商品房成交年度均价来作为样本数据，选取深中通道开工建设、地块、社会、环境、经济等影响因素对楼面地价和年度商品房均价增值做研究分析。其次，在交通的可达性对土地价值的影响理论、区位选择理论、不动产估价理论、土地增值理论基础之上建立Hedonic和空间计量模型展开研究。使用中山市政府招拍挂商住用地的出让成交数据进行统计分析，根据分析结果可以看出模型拟合度较高，这不仅表明了中山市商住用地市场的价值规律，还验证和延伸了上述的经济理论。其中，各影响因素与商住用地价格的关系同经济理论阐述相符合，还表明了各影响因素与商住地价之间的定量关系比较符合市场发展的客观规律。在模型中其余变量可供研究指标中依次挑选，不仅表明了区位选择理论的合理性与科学性，还说明环境舒适程度、交通条件及生活便利程度等都对研究变量产生了不可忽视的作用。被剔除的变量有"金融政策""人均收益"及"住房质量"等，之所以除去该类变量是因为这些变量本身对地价的影响轻微，数据也难以获取。本书选取的量化方法以及特征变量也为之后的研究提供了借鉴与参考。

通过Hedonic模型得到第一个结论：地块因素会对中山市的商住地增值带来影响，其中，容积率越高的地块，其商住地的价格越低；绿化率越高的地块，其商住地的价格越高；地块呈现越方正的，其商住地价格越高。

通过Hedonic模型得到第二个结论：社会因素会对中山市的商

住地增值带来影响，从 Hedonic 的模型研究分析结果可知，楼面地价与教育因素呈现显著的正向关系。从楼面地价的差异性分析可知，有省重点中学的地块楼面地价均值显著高于没有省重点中学。有省重点小学的地块楼面地价均值显著高于没有省重点小学的楼面地价的均值。有省重点幼儿园的地块楼面地价均值显著高于没有省重点幼儿园的楼面地价的均值。有市重点中学的地块楼面地价均值不显著高于没有市重点中学。有市重点小学的地块楼面地价均值显著高于没有市重点小学的楼面地价的均值。有市重点幼儿园的地块楼面地价均值显著高于没有市重点幼儿园的楼面地价的均值。而普通中学、小学和幼儿园就刚好相反，有普通中学的地块楼面地价均值显著低于没有普通中学的楼面地价的均值。有普通小学的地块楼面地价均值显著低于没有普通小学的楼面地价的均值。有普通幼儿园的地块楼面地价均值显著低于没有普通幼儿园的楼面地价的均值。没有医院的地块楼面地价均值显著高于有医院的楼面地价的均值。

通过 Hedonic 模型得到第三个结论：商住地块附近有河流的楼面地价均值高于没有河流的楼面地价均值差异，具有显著的统计学意义；附近没有垃圾站的商住地块楼面地价的均值不显著且高于有垃圾站的楼面地价的均值。

通过 Hedonic 模型得到第四个结论：商住地块楼面地价与 1 km 内公交数量呈现显著的正向关系；与常住人口呈现显著的正向关系；楼面地价与公交数量呈现显著的正向关系；楼面地价与主干道呈现显著的负向关系。

通过空间计量模型测算得到第五个结论：深中通道开工建设对

中山市的商住用地带来增值的助推作用,这个结论也符合交通基础设施建设对房地产业影响理论。深中通道开工建设对中山市商住土地增值的主要影响因素是深中通道的延长线出口以及正式动工,深中通道延长线出口改变了中山市商住用地的价格热点集聚地区,中山市住宅价格集聚从石岐逐步向东区、火炬开发区、南朗、五桂山镇街迁移。深中通道正式动工后,整个中山市的商住地价格都大幅上涨。对比深中通道正式动工前后的楼面地价可知,中山市的土地拍卖情况在2014年成交面积为200.46万 m^2,成交楼面均价为1 222.70元/m^2;2015年成交面积为134.83万 m^2,成交楼面均价为1 563.00元/m^2;2016年成交面积为94.43万 m^2,成交楼面均价为3 800.00元/m^2;2017年成交面积为183.89万 m^2,成交楼面均价为6 720.00元/m^2;从2015—2018年中山市商住用地拍卖市场的成交价格来看,2015年拍卖最高商住用地楼面价为3 800元/m^2,2016年最高为6 000元/m^2,2017年最高为13 564元/m^2,2018年最高为13 441元/m^2。从上述成交价来看,深中通道开工建设的消息出来后,对中山市商住用地楼面均价的影响基本是成倍增长,对商住用地的增值起到了一定的助推作用。

本书通过空间计量模型测算得到第六个结论:普通住宅成交均价与各个镇区的常住人口在SAR和SEM模型中都呈现正向关系,在SDM模型中呈现不显著关系。普通住宅成交均价与各个镇区的生产总值在SAR、SEM模型和SDM模型中都呈现不显著关系。普通住宅成交均价与商品房成交面积在SAR、SEM和SDM模型中都呈现显著的正向关系。

第二节 存在的问题

虽然已经完成对 Hedonic 模型和空间计量模型的设计，但对该模型的研究才刚刚开始，研究过程中笔者发现本书主要存在以下问题。

第一，在模型设计时由于数据的获取难易程度以及土地出让资料的不完善，导致现有的商住用地自有特征资料完整度不够，像某些影响因素如土地平整度和地块被分割不是恒定值，难免会有些变量没有研究到。通常来讲，容积率可对土地价值产生重要影响，且与建筑密度密切相关（若用地面积、建筑高度、容积率均为已知因素，则可进行建筑密度的计算），而在本书的模型中，已将建筑密度作为特征变量。另一重要因素是因中山市是以镇街为主的城市，研究结果在设计模型时，未将"行政中心距"作为特征变量，"行政中心距"是否对楼面地价产生影响，其真实性须进一步验证。最后，因为对土地价值的影响因素众多，任一模型都不可能将所有因素都包含其中，研究者只能选择其中影响程度最深、最具代表性的变量。但对同一变量来说，从不同角度测算会产生不同结论，在学术界现有的研究结果中，没有涉及反映土地特征属性的某一特定因素，这就导致研究测算分析存在复杂性。在选择特征变量和相应指标时，笔者在查看前人研究成果及分析经济学理论后发现，研究商

第五章 结论与展望

住用地价值的文献少之又少,这导致笔者主观地选取了一些自认为重要的变量,导致有些重要的变量没有研究到。因此,在后续的研究中,尽量充实研究变量,以求研究结论准确性。

第二,由于研究范围局限在中山市,其研究范围较为狭窄,其研究结论在推广的时候可能有局限性。这也为后续的研究提供了方向,可以进一步扩大样本量和范围来探讨研究结论的普适性。样本多、特征性强是 Hedonic 模型准确应用的基础,模型拟合程度与样本量大小成正比。拥有足够多的样本量,统计学规律才能显现,而样本量不足,无法准确发现大数定律,也没法建立正确的研究模型,进而影响模型在实际中的应用,导致分析结果与实际结果有偏差。但因现实条件的限制,样本越多,特征资料越多,资料收集的困难度越大,而笔者有限的资源不能同时满足对样本量和特征资料的需要,只有通过减少样本量的方式来尽力收集更多的特征属性资料,以减少重要指标的遗漏和缺失,确保获得完整的特征资料,保持模型测算结果的准确性。在研究期内未能实现选取对样本量大的目标,而特征属性资料对模型更重要,特征属性资料的缺乏将导致模型测算可识别结果有偏差。因此,笔者认为解决此类问题的关键是扩大模型的样本容量,为政府制定相关的土地政策提供普适性的结论。

第三,本书只分析了单一商住用途的土地增值影响因素,对深中通道开工建设对工业、商业公寓、教育等性质的土地增值并没有进行深入的研究分析,本书并未涉及不同用途的土地增值的影响研究。而笔者在研究住宅用地采集样本资料的同时,也对部分商业用地资料以相同方式进行采集，并选择合适的样本建立模型，研究结果表明深中通道开工建设对商业用地的增值影响效应明显不大，其有待进一步地研究和完善这些不足。

第三节　研究展望

本书利用 Hedonic 模型和空间计量模型测算结果来说明各影响因素对商住土地增值的影响情况，研究影响土地增值的各因素及其相互关系具有重要的研究意义，同样也极具挑战性。在对跨江通道建设对商住用地增值影响的文献用空间计量和 Hedonic 模型研究的比较少的情况下，本书所研究的问题也仅限于初步研究，存在很多不足问题，有待进一步完善。

一、研究范围的选取

本书以中山市 2012—2022 年 275 块商住用地项目招拍挂楼面地价和 2011—2022 年 24 个镇街商品房成交年度均价作为样本数据，选取深中通道开工建设、地块、社会、环境、经济等影响因素对楼面地价和年度商品房均价增值做研究分析。研究的是深中通道开工建设对中山市土地增值影响的变动情况，在考虑资料的可获取性以及土地价格波动大小的基础上做出选择。然而，深中通道中山段的延长线出口周边土地市场的活跃度并不能达到最理想状态，空间计量模型和 Hedonic 模型的建立要求一个竞争性、波动性更强的土地市场。比较理想的区域有佛山、珠海市等，它们拥有更加完善的土地市场制度体系、庞大的土地市场规模，更利于研究的开展和进一步完善用 Hedonic 和空间计量模型测算土地增值的研究结果。

二、变量和指标的选取和量化

本书根据现有的经济理论，通过借鉴特征价格模型的相关研究，将影响土地价格的各种因素量化并引入相关模型，量化的函数关系使得结论简单明了，提高研究效率。但是在该研究中，部分因素并不一定被纳入模型当中，需要进一步研究完善，比如该项研究中样本资料的选取范围是否适当，通过更多资料的样本分析能够得到更准确的分析结果，发现各因素影响地价的规律且为发现适当的相关性较强的变量纳入模型创造条件。

三、模型函数形式选择和比较

在当前土地增值理论的研究中，大多是采用特征价格模型进行定性分析，但是这种方法存在很大缺陷，例如特征资料很难进行统计等。少数定量分析中并未研究其微观基础，使得结果说服力不足。利用土地收益还原法以及统计性描述进行的土地增值性分析，并不能准确发掘各因素与增值之间的因果关系。本书通过统计中山市土地交易数据，建立特征价格模型，进行土地增值价格的结构性分析，对深中通道开工建设后周边土地的增值方式进行研究，将理论与实证相结合，探讨新的土地增值研究方法，这可能会是土地增值研究方式继续改进的方向。在本书建立的特征价值模型中，各特征变量都是对土地增值影响的因素，土地增值与这些变量值的变动直接相关。

目前，针对空间计量模型函数以及 Hedonic 价格模型的形式并未存在确定的选择标准，也尚未建立相关鉴定原则，只能在实践中不断选择适合研究课题的具体模型形式，模型的选择标准还有待进一步研究。

四、对政府、企业、个人的建议

(一)基准地价更新标准

为了使土地增值研究成果符合客观实际，保持基准地价成果和土地地价评估标准的现势性，在土地市场发生变化或影响土地价格的因素发生变化后，必须对地价进行重新评估，更新基准地价成果和宗地地价评估标准。基准地价的更新是在土地定级或划分均质区域的基础上，用土地地租、市场交易的样点地价或地价指数等来重新确定土地级别和基准地价，并重新确定土地地价修正体系。事实上，基准地价更新不仅可以为政府征收土地增值税和其他税费提供依据，而且可以为建立健全的地价管理制度、编制城市地价指数、研究地价变化趋势提供依据。然而，更新基准地价既不是简单地提高地价，也不是简单地降低地价，而是让基准地价更能反映城市地价的客观水平及其分布规律，以满足政府调控土地市场的要求，并且为合理确定出让地价、收购地价等提供依据。

(二)土地增值税税收标准

土地增值税是对转让国有土地使用权、地上建筑物及其附着物并取得收入的单位和个人，就其转让房地产所取得的增值额征收的一种税。土地增值税是一个专门针对房地产市场的特殊税种，是对转让土地使用权及其地上建筑物和附着物的行为征税，其征税范围不包括未转让土地使用权、房产产权的行为，属于土地流转增值税。土地增值税对规范房地产市场、抑制房地产投机，促进房地产业健康发展有着积极意义。

科学地界定土地增值额，是正确实施土地增值税的关键。《中华人民共和国土地增值税暂行条例实施细则》规定，增值额是纳税人转让房地产所取得的收入减除规定扣除项目金额后的余额，扣除项目包括：①取得土地使用权所支付的金额；②开发土地的成本、费用；③新建房及配套设施的成本、费用，或者旧房等建筑物的评估价格；④与转让房地产有关的税金；⑤财政部规定的其他扣除项目。

显然，在计算土地增值额的时候，忽略以下了因素。①通货膨胀及资本利息因素。通货膨胀及资本利息因素都是开发商在投入产出过程中实际要付出的，前者是社会发展所带来的损耗，后者是开发商在产品制作的运作中要付出的代价，这两者是征收土地增值税时不应回避而应该解决的问题。②经营利润因素。住宅用地增值两个方面的区别在于：第一部分属于经营利润，应只征收企业所得税；第二部分属于超额利润，除征收土地增值税外，应按其余额征收企业所得税。③时间因素。毫无疑问，土地持有时间越长，增值越大，即使多次转手买卖的土地，也可以获得很高的回报率。因此，为了逃避高税率，土地投机者完全可以在增值税较低时迅速转让土地，赚取高额收益。④地区差异因素。考虑到我国地区性差异很大，土地增值税率不宜统一规定，应由地方政府根据具体情况制

第五章 结论与展望

定税率标准。

实际上，土地增值额是土地开发利用和土地市场交易过程中土地价值的增加，商住用地增值是由政府、居民和开发商共同创造的，主要包括两个方面：一部分是由投资者增加投资引起的，投资者包括开发商和居民；另一部分是由城市基础设施的改善，导致土地区位发生变化而引起的土地增值，以及城市的发展、人口的增长、土地供不应求而引起的地价上涨。根据"谁投资，谁收益"的原则，第一部分的增值不应该是土地增值税的课征对象，其增值收益应归投资者所有。而第二部分增值与投资者无关，它来源于社会环境，属于资本利得，应是土地增值税的课税对象。为了使土地增值税在征收过程中既可以抑制非正常投机行为，又不挫伤房地产企业的积极性，可以考虑根据商住用地增值评判结果制定土地增值税税率标准。住宅用地增值过程包括 8 个阶段，根据《中华人民共和国土地增值税暂行条例》的规定，只有房产开发阶段和再次流转阶段需要征收土地增值税。房产开发阶段是指从土地出让以后到新房出售这一过程，该阶段包括土地未开发转让、土地开发过程中转让和新房出售三个方面的土地流转。再次，流转阶段主要是指二手房出售和房屋出租两个过程。对于每个过程，土地增值税的税率标准都应该是相同的，同时原土地出让价格、当前土地市场价格、土地投资增值额、营业税税率和土地已使用年限等参数也是非常重要的，则土地投资增值额为正值，土地使用者在使用土地期间产生的土地增值除了土地自然增值（由于经济的发展和社会的进步而产生）以外，还包括由于投资预见所应该获得的增值收入，这部分增值收入不应该包括在土地增值范围之内，应单独纳税，因此对于这部分收入，可以考虑按营业税说明土地使用者在使用土地期间没有获得土地增值以外的收入，因此可以考虑免征营业税。

(三)科学合理分配土地增值收益

企业项目的开发和经营非常重要，由于土地增值收益分配的漏洞，刺激了房地产开发商通过各种管道囤积土地，获取超额利润的动机，这正是房地产业成为公认的暴利行业的主要原因。为避免国有土地收益的流失，实现土地增值收益的最大化，重构现行的城市土地收益分配机制势在必行。理论上，城市土地收益尤其是增值收益的分配思路应该遵循"谁所有，谁享有；谁投资，谁受益"的原则。首先，城市土地的"国有"性质决定了国家拥有绝对地租的收益权，按照目前的制度规定，中央政府代表国家来行使此项权利；其次，土地增值收益应该按照各级政府在城市发展过程中的具体投入比例进行分配；最后，失地农民集体作为土地的前任所有者，也应该享有一定比例的土地增值收益。

(四)房地产市场平稳健康发展

土地增值对个人购房影响较大，由于土地增值必然会导致房价的上涨，最终房价上涨的空间由购房者来承担。虽然目前很多城市出台了限购、限价、限卖的政策，但是居高不下的高房价仍然让很多刚需购房者很难承担。但是由于商品房的各种因素导致房价上涨之前还是有预判和提前介入的机会，这个就需要对房价未来上涨的因素做分析。目前，国家出台了控制房价过快上涨和坚持房住不炒的目标，对房地产市场健康稳定发展起到至关重要的作用。

参考文献

中文文献

丁刚，胡联升，严维青，2011. 我国省域人口安全水平的现状评价与空间相关性分析-基于 GCPA 模型和 Moran's I 统计量[J]. 电子科技大学学报（社科版），（13），23-31.

王亚坤，2011. 跨江通道开工建设对区域生态景观格局的影响及优化研究-以南京市浦口区为例[D]. 南京：南京大学.

王文革，2006. 建立合理的城市土地增值回收制度[J]. 国土资源，（2），16-17.

王玉梅，李世泰，2007. 渤海海峡跨海通道建设环境影响研究[J]. 中国人口资源与环境. 17(5)，90-94.

王超，2008. 轨道交通对沿线房地产项目价格的影响研究——以南京地铁一号线为例[D]. 江苏：东南大学.

王喜庆，蒋烨，陈卓永，2014. 区域经济研究实用方法：基于 Arc GIS、Geo Da 和 R 的运用[M]. 北京：经济科学出版社，5-7.

王静，2009. 西安城市跨河发展研究[D]. 西安：西北大学.

王兴平，2006. 我国滨江大城市的跨江扩展[J]. 城市规划学刊，(2)，91-95.

王霞，朱道林，张鸣明，2004. 城市轨道交通对房地产价格的影响——以北京市轻轨 13 号线为例[J]，城市问题，(6)，39-42.

王琼，(2008). 城市轨道交通对沿线房地产价格的影响[J]. 城市轨道交通研究，11(2)，10-13.

王楠，吴巍，胡细英，2018. 大型交通设施对房地产价格影响研究进展与评述[J]. 城市发展研究，25(05)，13-18.

白润光，2009. 应用区位论[M]. 北京：科学出版社，172-217.

艾建国，2002. 不动产估价[M]. 北京：中国农业出版社，72-97.

石忆邵，郭惠宁，2009. 上海南站对住宅价格影响的时空效应分析[J]. 地理学报，64(2)，167-176.

石坚，2016. 基于区位理论的城市用地扩展研究[J]，中国房地产，67.

任建国，2015. 跨渭河城市滨水区空间形态调查与研究——天水麦积区段[D]. 西安：西安建筑科技大学.

李国强，2006. 环境保护中的城市垃圾资源化处理[J]. 环境保护，(2)，170-171.

李颖丽，刘勇，刘秀华，2017. 重庆市主城区住房价格影响因子的空间异质性[J]. 资源科学，39(2)，335-345.

马大来，2015. 中国区域碳排放效率及其影响因素的空间计量研究[D]. 重庆：重庆大学.

吕萍，周滔，2008. 土地城市化与价格机制研究[M]. 北京：中国人民大学出版社.

吴振华，2008. 我国城市住宅用地增值研究[D]. 哈尔滨：哈尔滨工业大学.

吴威，陈雯，曹有挥，2009. 过江通道建设对相对落后地区发展的影响——以江苏省南通市为例[J]. 长江流域资源与环境. 18(5), 397-402.

吴旗韬，张虹鸥，苏泳娴，2013. 港珠澳大桥对珠江口两岸经济发展的影响[J]. 海洋开发与管理，30(6), 96-99.

吴巍，周生路，杨得志，2011. 规划跨江通道开工建设对滨江副城建设用地增长的影响研究——以南京市浦口区为例[J]. 地理科学，31(7), 829-835.

吴巍，周生路，杨得志，2013. 跨江通道开工建设对滨江副城住宅地价增值效应的测算——南京市浦口区为例[J]. 地理研究. 32(1), 29-40.

宋志刚，谢蕾蕾，何旭洪，2008. SPSS实用教程[M]. 北京：人民邮电出版社.

宋伟轩，毛宁，陈培阳，2017. 基于住宅价格视角的居住分异耦合机制与时空特征——以南京为例[J]. 地理学报，(4), 589-602.

何丹，金凤君，2013. 重大基础设施对周边房价的时空影响分析——以北京地铁4号线为例[J]. 北京联合大学学报，27(03), 1-9, 20.

李斌，2002. 商品住房价格成因的定量分析[J]. 武汉城市建设学院学报，(2), 1-14.

李铁锋，陈艳，2017. 试论城市垃圾的处理与处置[J]. 河北地质学院学报，17(6), 561-567.

林光平，龙志和，吴梅，2005. 我国地区经济收敛的空间计量实证分析[J]. 1978-2002，经济学，(4), 67-82.

冼超文，2013. 港珠澳大桥对珠海市产业政策发展的影响及优化研究[D]. 长春：吉林大学，

周曦，2016. 高铁站区开发对土地价值的影响研究[D]. 北京：北京交通大学.

周素红，杨文越，2012. 广州市跨江大桥建设对城市空间发展的影响[J].

现代城市研究，27(1)，74-80．

周素红，杨文越，2012．广州市跨江大桥建设对城市空间发展的影响[J]．现代城市研究，(1)，72-78．

周诚，1994．论土地增值及其政策取向[J]．经济研究，(11)，50-57．

周聪惠，2015．精细化理念下的公园绿地集约型布局优化调控方法[J]．现代城市研究，(10)，47-54．

郭俊胜，1994．土地增值及其分享[J]．东南学术，(3)，23-27．

明立波，甄峰，郑俊，2007．无锡——南通过江通道建设构想及其区域经济影响评价[J]．人文地理，(4)，105-109．

武晋一，贾艳杰，2005．天津市中心城区海河沿岸土地增值潜力分析[J]．生态经济，(2)，57-59．

彭錞，2016．土地发展权与土地增值收益分配——中国问题与英国经验[J]．中外法学，(6)，1536-1553．

郭欢欢，林坚，孙芬，2017．桥梁-道路建设对西南山地城市扩展影响机制研究--重庆嘉陵江两桥为例[J]．长江流域资源与环境，(1)26．

高璟，2013．近代以来黄浦江城市空间演进的形态特征与规律研究[J]．上海城市规划，(5)，112-119．

陈尔康，2020．土地增值收益分配探析——以常州市武进区集体经营性建设用地入市为例[J]．南方农机．

陈征，1995．地租地价地产市场——兼论我国城市地产市场的特点[J]．福建师范大学学报(哲学社会科学版)，(1)，1-6．

陈章喜，2016．跨海通道与城市群协调发展——以港珠澳大桥为例[J]．科技导报，34(21)，64-68．

陈向科，2012．港珠澳大桥建设对珠三角地区物流业的影响[[J]．交通标准化，(12)，64-67．

参考文献

陈斌，2015. 跨渭河城市滨水区空间形态调查与研究——咸阳段[D]. 西安：西安建筑科技大学.

陈志刚，2002. 试论土地增值与土地用途管制[J]. 国土经济，(4)，34.

陈智清，2007. 城市生活垃圾处理刍议[J]. 中国科技信息，(10)，32-33.

陈林，2010. 长沙市跨江发展的动力机制及其调控对策[D]. 长沙：湖南师范大学.

陈秀山，张可云，2003. 区域经济理论[M]. 北京：商务印书馆.

陈强，2014. 高级计量经济学与Stata应用[M]. 高等教育出版社.

常疆，廖秋芳，王良健，2011. 长沙市区地价的空间分布特征及其影响因素[J]. 地理研究，30(10)，1901-1909.

赵春艳，2019，市场比较法在房地产估价中的应用[J]. 现代物业（中旬刊），18(1)，47.

华文，范黎，吴群等，2005. 城市地价水平影响因素的相关分析——以江苏省为例[J]. 经济地理，25(2)，203-206.

冯长春，李维瑄，赵蕃蕃，2011. 轨道交通对其沿线商品住宅价格的影响分析--以北京地铁5号线为例[J]. 地理学报，66(8)，1055-1062.

冯永玖，韩震，2010. 基于遥感的黄浦江沿岸土地利用时空演化特征分析[J]. 国土资源遥感，(2)，91-96.

张文忠，2001. 城市居民住宅区位选择的因子分析[J]. 地理科学进展，20(3)，268-275.

张可云，王玉瑾，王婧，2017. 空间权重矩阵的设定方法研究[J]. 区域经济评论，(1)，19-25.

张洪，金杰，2007. 中国省会城市地价空间变化实证研究——以昆明市为例[J]. 中国土地科学，21(1)，24-30.

张裕凤，李静，2007. 呼和浩特市旗县城镇基准地价及影响因素比较分析[J]. 地理研究，26(2)，373-382.

张华伟，杨少华，2013. 港珠澳大桥建设对珠海房地产业的影响分析[J]. 珠港澳研究. 73-77.

张华伟，2014. 港珠澳大桥建设对珠海房地产业的影响研究[J]. 南方经济，(7)，120-24.

张鸿辉，曾永年，金晓斌，2009. 南京市城市地价空间自相关分析[J]. 南京大学学报，自然科学，45(6)，821-830.

张兆良，2010. 地铁对沿线住宅价格的影响研究[D]. 西安：西安建筑科技大学.

邬丽萍，2007. 城市土地价格机制研究[M]. 北京：经济科学出版社，48，28-30.

柴强，2004. 房地产估价理论与方法[M]. 北京：中国建筑工业出版社.

施建刚，2003. 房地产估价方法的拓展[M]. 上海：同济大学出版社第1版.

崔世华，2011. 国外典型跨海通道交通社会经济影响研究——以英法海峡隧道为例[J]. 交通与运输，27(2)，1-6.

蒋光伟，崔娜娜，冯长春，宋煜，2017. 北京市居住用地出让价格的空间格局及影响因素[J]. 地理学报，72(6)，47-54.

蒋芳，朱道林，2004. 住宅地价的区位模型研究——以北京市为例[J]. 农村经济，12(3)，39-41.

蔡兵备，2017. 城市地价评估方法[M]. 北京：社会科学文献出版社.

蔡军，岑广锐，2022. 港珠澳大桥建设对粤港澳大湾区房价的影响[J]. 中文科技期刊数据库(全文版)社会科学，(4)，5.

叶霞飞，蔡蔚，2002. 城市轨道交通开发利益还原方法的基础[J]. 北道学报，(1)，97-103.

蒋光伟，1997. 升值与增值——概念的辨析及现实意义[J]. 中国房地产，(8)，24-27.

蒋立红，李庆花，2005. 影响房价的区位因素分析[J]. 城市开发，(4)，79-81.

邓英达，2009. 兴建杭州湾跨海大桥对宁波区域经济的影响[D]. 上海：华东师范大学.

薛剑，2007. 大通道建设与南通市土地资源调控利用研究[D]. 南京：南京农业大学.

郑捷奋，刘洪玉，2005. 深圳地铁建设对网站周边住宅价值的影响[J]. 铁道学报，27(5)，11-18.

谷一桢，郑思齐，2010. 轨道交通对住宅价格和土地开发强度的影响--北京市13号线为例[J]. 地理学报，65(2)，213-223.

岳小泉，郭建钢，徐锦强，2014. 建设平潭海峡大桥对平潭综合实验区经济的影响[J]. 交通建设与管理，(18)，87-90.

罗明，张欣杰，杨红，2018. 土地增值收益分配国际经验及借鉴[J]. 中国土地，(2)，51-52.

英文文献

Anil R，Stephan J G，2001. Land Use Research：Scientific Publications from to the Present[J]. Land Use Research，(8)，92-100.

Berliant M，Peng S K，Wang P，2006. Welfare Analysis of the Number and Locations of Local Public Facilities[J]. Regional Science and Urban Economics，36，207-226.

Bowes D R，Lhlanfeldt K R，2001. Identifying impacts of rail transit station on residential property values[J]. Journal of Urban Economics, 50 (01), 1-25.

Carroll T M, Clauretie T M, Jensen J, 2002. Living Next to Godliness: Residential Property Values and Churches[J]. Journal of Real Estate Finance and Economics, 12, 319-330.

Chad C, Mary E G, 1998. Railroad development and land value. [J]. Journal of Real Estate Finance and Economics, 16(2), 19-204.

Christopher S D, David T F, 2007. The railroad's impact on land values in the upper Great Plains at the closing of the frontier[J]. Historical Methods, 40(1), 28-38.

David R B, Keith R, 2001. Identifying the impacts of rail transit stations on residential property values[J]. Journal of Urban Economics, 50, 8-13.

David R B, Keith R, 2001. Ihlanfeldt Identifying the Impacts of Rail Transit Stations on Residential Property Value[J]. Journal of Economics, 50, 1-25.

Donald D, 1976. The effect of a subway on residential property values in Toronto[J]. Journal of Urban Economics, 4(3), 357-369.

Dubin R A, Sung C H, 2004. Spatial Variation in the Pce of Housing: Rent Gradients in Non-Monocentric Cities[J]. Urban Studies, 24(3), 193-204.

Evans R D, Rayburn W B, 2000. The Effect of School Desegregation Decision on Single Family House Values[J]. Journal of Real Estate Research, 5(2), 221-230.

Fazal S, 2001. Land re-organisation in relation to roads in an indian city. [J]. Land Use Policy, 18(2), 191-199.

参考文献

Fletcher M, Gallimore P, Mangan J, 2000. Heteroskedasticity in Hedonic House Pce Models[J]. Journal of Property Research, 17(2), 93-108.

Freeman A M, 2003. The Measurement of Environmenta and Resource Values: Theory and Methods, 2nd ed [J]. Resources for the Future, Washington, DC, 491.

Forrest D, Glen J, Ward R, 2002. The Iimpact of a Light Rail System on the Structure of House Pces[J]. Journal of Transport Economics and Policy, 31(4), 15-29.

Gabriel M, Ahlfeldt W, Maenning, 2010. Impact of SportsArenas on Land Values: Evidence from Berli[J]. The An-nals of Regional Science, 44, 205-227.

Gerrit J K, Ding C, Lewis D H, 2001. Do plans matter The effect of light rail plans on land values in station area [J]. Journalof Planning Education and Research, 21(1), 32-39.

Glaeser E, Gyourko J, Saks R, 2006. Urban Growth and Housing Supply[J]. Journal of Economic Geography, (6), 71-89.

Golub A, Guhathakurta S, Sollapuram B, 2012. Spatial and temporal capitalization effects of light rail in Phoenix f rom conception, planning and construction to operation[J]. Journal of Planning Education and Research, 32(4), 415-429.

Green R K, 2000. Land Use Regulation and the Pce of Housing in a Suburban Wisconsin County [J]. Journal of Housing Economics, (8), 144-159.

Guidry K J, Shilling C F, Sirmans, 1999. Land-use Controls, Natural Restrictions and Urban Residential LandPces[J]. Review of Regional Studies,

(29), 105-113.

Hewitt C M, Hewitt W E, 2012. The effect of proximity to urban rail on housing Pces in Ottawa[J]. Journal of Public Transportation, 15(4), 43-65.

H. Long, 2007. Socio-Economic Development and Land-Use Change: Analysis of Rural Housing Land Transition in the Transect of the Yangtse River, China[J]. Land Use Policy, 142(24), 141-153.

Jacobo G, Juan-Manuel T S, 2013. Between regional spaces and spaces of regionalism: Cross-border region building in theSpanish 'State of the Autonomies'[J]. Regional Studies, 47(1), 104-115.

Jacqueline G, 2002. The Value of Open Spaces in Resi-dential Land Use [J]. Land Use Policy, (19), 91-98.

John L, Subhrajit G, Zhang M, 1994. Capital-ization of Transit Investments into Single Family HomesPces[D]. California: University of California Transpor-tation Center.

Ketkar K, 2002. Hazardous Waste Sites and Property Values in he State of New Jersey[J]. Applied Economics, 24, 647-659.

Koopmans T C, Beckman M J, 2002. Assignment Problem and the Urban Location of Economic Activities[J]. Econometrica, (25), 145-172.

Kohlhase J E, 2000. The Impact of Toxic Waste Sites on Housing Values. JournalSpatial Autoregressive Techniques[C]. Annual Meeting of the Transportation Research Board, 1-8.

Knapp, 2001. Just a train-ride away, but still worlds apart: Prospects for the Oresund region as a binational city[J]. Geo Journal, 54, 51-60.

Knudsen M A, Rich J, 2013. Expost socio-economic assessment of the

Oresund Bridge[J]. Transport Policy, 27(3), 53-65.

K R Ihlanfeldt T M, 2004. Shaughnessy. AnEmpirical nvestigation of the Effects of Impact Fees on Housing and Land Markets[J]. Regional Science and Urban Economics, 34, 639-661.

Lawless P G, Dabinett, 1995. Urban regeneration and transport investment: a research agenda[J]. Environment and Planning A, 27(07), 1029-1048.

Lerman R, 1987. The Affordability of Adequate Housing[J], AREUEA Journal,, 15(4), 389-404.

Linneman P, 2001. Some Empirical Results on the Nature of the Hedonic Pce Function for the Urban Housing Market[J]. Journal of Urban Economics, 8(1), 47-68.

Malczewski J, 2004. GIS-Based Land-Use Suitability Analysis: a Critical Overview[J]. Progress in Planning, 62, 53-65.

Mathur S, 2013. Ferrell Christopher. Measuring the impact of sub-urban transit-oriented developments on single-family homevalues[J]. Transportation Research Part, A, 42-55.

Matthiessen C, 2004. The Oresund Area: Pre-and post-bridge cross-border functional integration. The binational regional question[J]. Geo Journal, 61(1), 31-39.

Mcmillen D P, John F M, 1991. A Simultaneous Equations Model of Zoning and Land Values[J]. Regional Science and Urban Economics, 22, 55-72.

Mcdonald J F, Osuji C, 2001. The Effect of Anticipated Transportation Improvement on Residential Land Values[J]. Regional Science and Urban

Economics, 25, 261-278.

Michaels R G, Smith V K, 2003. Market Segmentation and Valuing Amenities with Hedonic Model: The Case of Hazardous Waste Site[J]. Journal of Urban Economics, 28, 233-242.

Nelson J P, 1994. Meta-Analysis of Airport Noise and Hedonic Property Robert Cervero. Rail Transit and Joint Development: Land Market Impacts in Washington, DC and Atlanta[J]. Journal of the American Planning Association, 60(1), 83-94.

RidkerRG, Henning J A, 1967. The Determinants of Residen-tial Property Values with Special Reference to Air Pollu-tion[J]. TheReview of Economics and Statistic, (49), 246-257.

Sherwin R, 1974. Hedonic Pces and Implicit Markets: Product Differentiation in Pure Competition[J]. Journal of Political Economy, 82(1), 34-55.

Skjott L T, Paulsson U, Wandel S, 2003. Logistics in the resund region after the bridge[J]. Euro-pean Journal of Operational Research, 144(2), 247-256.

Thomas P O, Donoghue D, 2004. The Channel Tunnel: Transport patterns and regional impacts[J]. Journal of Transport Geography, 31(5), 104-112.

T Prato, 2007. Evaluating Alternative Economic Growth Rates and Land Use Policies for Flathead County, Montana[J]. Landscape and Urban Planning, 83, 327-339.

Values, 2004. Problems and Prospects[J]. Transport Economic Policy, 38: 1-27.

参考文献

Welch T F, Gehrke S R, Wang F R, 2016. Long-term impact of network access to bike facilities and public transit stations on housing sales Pces in Portland, Oregon[J]. Journal of Transport Geography, 54: 264-272.

Walden M L, 1990. Magnet Schools and the Differential Impactof Quality on Residential Property Values[J]. Journal ofReal Estate Research, (5), 221-230.

Wu J, Plantinga A J, 2003. The Influence of Public Open Space on Urban Spatial Structure[J]. Journal of Environmental Economics and Management, 46, 288-309.

Zondaga B, Bokb M, Karst T, 2015. Accessibility modeling and evaluation: the TIGRIS XL land-use and transport interaction model for the Nether lands. Computers[J]. Environment and Urban Systems, 49, 115-125.

Z Y Yin, 2005. Changes in Urban Built-up Surface and Population Distribution Patterns during 1986-1999: A Case Study of Cairo, Egypt[J]. Computers, Environment and Urban Systems, 29, 595-616.